Das

Wesen des Geldes.

Zugleich ein Beitrag zur Reform der Reichsbankgesetzgebung.

Von

Dr. jur. **Friedrich Bendixen,**
Direktor der Hypothekenbank in Hamburg.

Leipzig,
Verlag von Duncker & Humblot.
1908.

Alle Rechte vorbehalten.

Altenburg
Pierersche Hofbuchdruckerei
Stephan Geibel & Co.

Inhaltsübersicht.

	Seite
Die herkömmlichen Vorstellungen vom Gelde und dessen staatliche Natur	1
1. Die herkömmlichen Vorstellungen	1
2. Knapps staatliche Theorie	3
3. Der internationale Zahlungsverkehr	7
4. Emanzipation des Zahlungsverkehrs vom Goldgebrauch; Giralgeld	9
5. Juristische und ökonomische Betrachtung des Geldes	14
Die wirtschaftliche Natur des Geldes und die Geldschöpfung	18
6. Aufgaben einer wirtschaftlichen Theorie des Geldes; Geldschöpfungslehre	18
7. Die ökonomische Funktion des Geldes	20
8. Das Geld bei der Kapitalbildung	24
9. Die Betriebskapitalien	29
10. Das klassische Geld; Warenwechsel und Banknoten	31
11. Fortsetzung; Giralgeld	36
12. Das ungedeckte Geld in der Verkehrsauffassung	38
Währungskritik und Reichsbankreform	41
13. Fortschreitende Erkenntnis des Wesens des Geldes	41
14. Kritik der Metallwährungen	43
15. Kritik der Papiergeldschöpfung. Scheidegeld	46
16. Die Krise von 1907. Konzentration der Goldvorräte	49
17. Reichsbankreform	55

* * *

Rückblick 59

I.
Die herkömmlichen Vorstellungen vom Gelde und dessen staatliche Natur.

1.

Aller Handel war ursprünglich Tauschhandel, und aus dem beliebtesten Tauschgut ist das Geld entstanden. So lehrt uns die Kulturgeschichte, so lehrt uns die Wissenschaft vom Gelde.

Die herkömmlichen Vorstellungen vom Gelde.

Ist auch heute noch das Geld nichts anderes als das bevorzugte Tauschgut? Geld ist Ware, sagen die Leute und bejahen damit die Frage. Danach wäre jeder Kaufvertrag im Grunde ein Tausch, bei welchem das eine Objekt die Ware „Geld" ist, während das andere Objekt alles mögliche sein kann.

Doch noch eine andere Eigenschaft des Geldes drängt sich jedermann auf. Geld ist zugleich der allgemeine Wertmesser. Wir können uns keinen Wert vorstellen, ohne daß wir ihn umdenken in Geld.

Aus diesen Eigenschaften des Geldes, das allgemeine Tauschgut und der allgemeine Wertmesser zu sein, hat nicht nur der natürliche Sinn, sondern auch die Wissenschaft die Folgerung gezogen, daß das Geld Eigenwert haben, also aus wertvollem Stoffe hergestellt sein müsse. Wer würde, fragt man, die Ware Geld im Umtausch gegen Wertgegenstände nehmen, wenn sie in sich wertlos wäre? Und wie könnte gar das Geld als Wertmesser dienen, wenn es nicht selbst Wert hätte? Doch ebensowenig, als wie ein Längenmaß ohne Länge oder ein Gewicht ohne Schwere zum Messen oder Wägen sich eignen würde. Daran muß festgehalten werden, sagt ein angesehener National= ökonom unserer Zeit, daß als Wertmaß nur dienen kann, was selbst Wert hat.

Unter diesem Gesichtspunkte ist das gegen Gold einlösbare Papiergeld, wie unsere Banknoten und Kassenscheine, eben um dieser Einlösbarkeit willen so gut wie Goldgeld. Wie aber steht es mit dem nicht einlösbaren Papiergeld der Länder ohne Barzahlungsverkehr? Hier liegt Geld vor, das absolut keinen eigenen Wert repräsentiert. Ist das auch noch Geld? Die Frage hat für den Laien in Deutschland kein Interesse. Er kann ja nach unseren Gesetzen stets bares Geld verlangen, braucht sich auf Papiergeld nicht einzulassen und wird sich daher über die Natur ausländischen Papiergeldes den Kopf nicht zer= brechen. Die Wissenschaft aber, die nicht an die Grenzen ihrer Heimat gebunden ist, konnte nicht umhin, auf die Frage eine Antwort zu suchen. Sie erwog also, daß die Quelle aller Papiergeldemissionen in der Zerrüttung der Staatsfinanzen ge= legen habe, daß daher dem Papiergeld ein pathologisches Element anhafte, das unmöglich für die Begriffsbestimmung des eigent= lichen Geldes verwertet werden dürfte, und erklärte das un= einlösbare Papiergeld für ein uneigentliches, entartetes Geld.

Indessen hat die Währungsgeschichte der letzten Jahrzehnte Erscheinungen hervorgebracht, angesichts deren den Verächter des uneinlösbaren Papiergeldes eine gewisse Unsicherheit beschleichen konnte. Die interessanteste dieser Erscheinungen ist in Österreich aufgetreten. Im Jahre 1878 stellte die österreichische Regierung die freie Silberprägung ein mit der Wirkung, daß der Papier= gulden, dessen Wert im Auslande ins Sinken gekommen war, nunmehr seinen Wert behauptete. Wäre Österreich zur Gold= währung übergegangen, so hätte man darin den Grund für die Wertbeständigkeit des Guldens erblickt. Aber Österreich tat nichts dergleichen. Es blieb bei seiner Papierwährung, und der Papiergulden behielt in Deutschland einen Wert von ca. Mk. 1,65, während zugleich der Silberwert der im Umlauf gebliebenen Silbergulden unter eine Mark sank. Papier also ward sozusagen besser als Silber! Vierzehn Jahre später hat Österreich, dem Zuge der Zeit folgend, seine auf Gold basierte Kronenwährung geschaffen. Aber bis zum heutigen Tage hat es die Barzahlung nicht eingeführt. Noch heute sind die Noten der österreichischen Staatsbank uneinlösbares Papiergeld mit gesetzlicher Zahlungskraft. Zwar gibt es im Verkehr auch Goldmünzen, aber niemand, der ein Forderungsrecht hat, kann Zahlung in Gold beanspruchen, und was das auffallendste ist, der Verkehr begegnet diesen Goldmünzen mit offenbarer Abneigung, sodaß sie sich größtenteils wieder in die Gewölbe der Staatsbank zurückgezogen haben. Der Verkehr in Österreich legt also auf den Eigenwert des Geldes kein Gewicht.

Wer über das Wesen des Geldes nachdenkt, darf an dieser Erscheinung nicht achtlos vorübergehen. Denn Österreich ist ein Staat auf der Höhe der Kultur und hat wohlgeordnete Finanzen. Wenn hier also durch die Tat bewiesen wird, daß Geld ohne Eigenwert denselben Dienst leistet wie unser Goldgeld, so müssen wir uns fragen, ob nicht in der uns überkommenen Vorstellung vom Gelde ein Irrtum steckt.

2.

Vor kaum zwei Jahren ist ein Buch erschienen, betitelt *Knapps staat-* „Die staatliche Theorie des Geldes", von Georg Friedrich Knapp, *liche Theorie.* Professor der Staatswissenschaften an der Universität Straßburg. Das Buch hat in der Gelehrtenwelt ein außerordentliches Aufsehen erregt und viel Widerspruch erfahren. Wenn aber etwas geeignet war, die wissenschaftliche Dürftigkeit der bisher herrschenden Lehre und ihre Ratlosigkeit vor manchen Erscheinungen des wirklichen Lebens darzutun, so sind es die oppositionell gehaltenen Besprechungen des Werkes', namentlich aus der ersten Zeit nach dessen Erscheinen. Inzwischen ist die Kritik stiller geworden, zumal seitdem Lexis, unsere größte Autorität auf dem Gebiete des Geld- und Währungswesens, die Verdienste des Buches erkannt und anerkannt hat.

Um das gleich vorwegzunehmen, Knapp ist Gelehrter, nicht Währungspolitiker. Er will Erkenntnis vermitteln, nicht der Geldpolitik neue Wege weisen. Die Goldwährung greift er nicht an. Knapp selber gehört zu ihren Anhängern.

Knapp lehrt: Die bisherige „metallistische" Theorie, welche die Werteinheit (Mark, Frank, Gulden, Rubel) als eine Metallquantität definiert, kann nicht alle Geldverfassungen erklären, ist also nicht allgemein genug und deshalb falsch. Beweis: der österreichische Gulden, der bis 1892 von jeder Metallbasis losgelöst war. Die Werteinheit ist ein Geschöpf der Rechtsordnung und ist lediglich definiert durch den Anschluß an die frühere Werteinheit (z. B. die Mark ist der dritte Teil eines Talers, die Krone die Hälfte eines Guldens). Die Werteinheit ist also nicht metallisch, sondern „nominal" definiert, gleicherweise in Gold- wie in Papierwährungsländern. Ob zur Herstellung der Zahlungsmittel Metall verwendet wird oder nicht, ist für den Begriff des Geldes gleichgültig.

Die große Bedeutung der neuen Theorie liegt in dem Satze, daß auch in Goldwährungsländern die Werteinheit „nominal" sei. Das einzusehen, fällt uns schwer. Wir überzeugen uns leicht von der Nominalität der Werteinheit in Papierwährungsländern, von der Nominalität des österreichischen Guldens vor 1892, des russischen Rubels vor Wittes Währungsreform. Wie sollten wir nicht, wo uns doch nichts anderes übrig bleibt? Aber wir sträuben uns gegen die Einsicht, daß die deutsche Reichsmark und das englische Pfund Sterling in ihrem begrifflichen

Dasein unabhängig von dem Goldstoff sind, aus dem sie hergestellt werden. In unseren hergebrachten Vorstellungen fließen eben Gold und Geld zu einem Begriff zusammen. Trotzdem ist Knapps Lehre handgreiflich richtig. Man braucht sich nur zu fragen, ob etwa in England bei den zeitweiligen Aufhebungen der die Deckung der Banknoten in Gold vorschreibenden Peelsakte die Werteinheit Pfund Sterling mit aufgehoben worden sei; man braucht sich nur weiter die Frage vorzulegen, ob etwa die deutsche Reichsmark als Werteinheit zu existieren aufhören würde, wenn im Falle der Not die Reichsbanknoten zu gesetzlichen Zahlungsmitteln erklärt, und die Reichsbank von der Einlösungspflicht befreit würde. Unzweifelhaft muß man diese Fragen verneinen. Der Verkehr würde fortfahren, mit Pfund Sterling und Reichsmark zu rechnen und zu bezahlen, auch wenn die Goldmünzen verschwänden und Zettel an ihre Stelle träten. Dann aber darf man sich auch der Erkenntnis nicht verschließen, daß der Begriff des Geldes von seiner stofflichen Erscheinung unabhängig ist, und daß die stoffliche Verschiedenheit nur Unterarten unter dem höheren Begriff begründet. Nicht in den Begriff des Geldes, sondern in die Lehre von der Herstellung der Geldzeichen gehört die Frage nach dem Geldstoff.

Die notwendige Folge dieser Einsicht aber ist, daß wir den Grund für die Wertschätzung des Geldes nicht im Metall suchen dürfen. Und in der Tat finden wir ja in finanziell geordneten Ländern mit Papiergeldwährung, wie es Österreich in den achtziger Jahren des vorigen Jahrhunderts unzweifelhaft schon war, dasselbe sichere Vertrauen zum Werte des Geldes, obgleich Goldmünzen und metallische Notendeckung fehlten. Wer hier behaupten wollte, daß die Wertbeständigkeit des österreichischen Guldens im inneren Verkehr nur von der Hoffnung gelebt habe, daß über kurz oder lang die Goldwährung eingeführt werden würde, bringt seiner Illusion ein Opfer an Einsicht, über das ein Österreicher sich sehr verwundern würde. Denn noch heute legt dort kein Mensch auf Einlösbarkeit der Noten irgendwelches Gewicht. Bei den Österreichern hat denn auch Knapps Lehre keinen Widerstand zu überwinden gehabt. Dort wußte man längst, daß das Wesen des Geldes nicht in seinem Stoffe liege.

Welcher Umstand aber gibt dem Gelde seinen Wert, wenn es der Stoff nicht ist? Knapp antwortet: die staatliche „Proklamation". Geld ist das vom Staate sanktionierte Zahlungsmittel. Jeder muß sich gefallen lassen, seine Forderungen bezahlt zu erhalten in den Münzen oder Scheinen, die der Staat als gültiges Geld proklamiert hat. Daran ist nicht zu zweifeln. Nur ist wohl zu bemerken, daß Knapp damit nur die Frage nach dem nominalen Wert und der juristischen Geltung des Geldes beantwortet und uns über den Grund seines Wertes im Sinne von Kaufkraft unaufgeklärt läßt.

Wenn wir von den bisher gewonnenen Resultaten zurückblicken auf den Ausgangspunkt unserer Betrachtung, so finden wir, daß die triviale vermeintliche Wahrheit, daß das Geld als Tauschgut und Wertmesser Eigenwert haben müsse, eine bare Unwahrheit ist. Das staatliche Zahlungsmittel bedarf keines Materialwertes, es trägt seinen Wert in sich kraft der staatlichen Autorität. Wie aber, fragen Laien und Gelehrte, kann Geld ohne Eigenwert als Wertmesser dienen? Denn mit der staatlichen Autorität kann man doch keine Werte messen. Also, wenn wir auch das „wertvolle Tauschgut" preisgeben wollen, zu dem wertlosen Wertmesser werdet ihr uns nicht bekehren.

Die so sprechen, scheinen allen Ernstes anzunehmen, daß sie bei jedem Kauf eine Vergleichsoperation anstellen zwischen dem Wert der Ware und dem des dafür beanspruchten Goldes, zwischen den Annehmlichkeiten, die der Besitz der Ware, und dem Genuß, den der Besitz der entsprechenden Quantität Gold verleiht. Das ist natürlich eine ganz unzutreffende Vorstellung. Kein Mensch in Deutschland mißt beim Kauf den Wert der Sache an dem Wert des Goldes. Wer im Volke weiß denn überhaupt etwas vom Goldwert? Von dem Wert des Geldes hat jedermann eine Vorstellung, von dem Wert des Goldes nur die wenigen, welche wissen, daß die Reichsbank für ein Pfund fein Mk. 1392.— zahlt und Mk. 1395.— ausmünzt. Aber auch diese wenigen haben die Vorstellung vom Wert des Goldes nicht primär, sondern sekundär, d. h., sie messen den Wert des Goldes am Gelde, nicht umgekehrt. Das ist so klar, daß man kaum nötig hat, es auszusprechen. Jeder kann es an sich selbst erfahren, wenn er prüft, wie er in Gedanken verfährt, wenn er eine Sache kaufen oder sich auch nur über ihren Wert eine Vorstellung machen will. Der Mann müßte noch geboren werden, dem vor einer Villa, die 70 000 Mk. kosten soll, der Gedanke an einen 50 Pfund schweren Goldklumpen auftaucht.

Was aber ist denn der Geldwert, wenn er nicht mit Goldwert identisch ist? Der Geldwert ist eine Vorstellung des Einzelnen wie der Gesamtheit, die sich bildet als der Niederschlag von Erfahrungen. Der Gegenstand dieser Erfahrungen aber ist nicht das Gold, sondern die Preise. Als Derivat aus allen ihm bekannten Preisen entwickelt sich in einem jeden die Vorstellung vom Geldwert. Wer den Wert einer Sache abschätzt, mißt nicht am Golde, sondern vergleicht Preise.

3.

Man mag es als Freund des Goldes peinlich finden, aber es ist nicht zu leugnen, unser Goldgeld leistet im inneren Verkehr nicht einen Deut mehr als uneinlösbares Papiergeld. Österreich hat es gezeigt, und die Theorie weiß jetzt das Phänomen zu erklären. Wie aber steht es mit dem äußeren Verkehr?

Der internationale Zahlungsverkehr.

Es liegt unzweifelhaft im Landesinteresse, daß der Wert des einheimischen Geldes seine internationale Wertbeständigkeit behaupte, daß das Landesgeld, in fremder Währung gemessen, nicht unterwertig werde. Die Schätzung einer ausländischen Valuta drückt sich aus in dem Kurse der Wechsel, welche auf das fremde Land laufen, und der Kurs ist das Resultat von Angebot und Nachfrage, deren Umfang oder Überwiegen wieder durch die jeweilige Lage der Handels= oder richtiger Zahlungs= bilanz bestimmt wird. Hier ist das Feld, wo die Goldwährung sich segensreich bewährt. Haben beide Länder, wie z. B. Deutsch= land und England, Goldwährung, so kann der Wechselkurs nach oben und nach unten eine gewisse Grenze (den Goldpunkt) nicht oder nur unbedeutend überschreiten, weil es billiger kommt, bares Gold zu versenden, als die Wechsel über den Goldpunkt zu bezahlen. So bewahrt die Möglichkeit der Goldversendung die einheimische Valuta davor, auf dem internationalen Markt unterwertig zu werden. Freilich, ein absolut wirksames Hilfs= mittel ist dies nicht. Setzt sich die Verschuldung des einen Landes an das andere dauernd fort, so erschöpfen sich allmählich die Goldvorräte sowohl bei den Banken wie im Verkehr, und endlich steigt der Kurs der fremden Valuta doch über den Goldpunkt. Jedoch ehe es dahin kommt, hat die Zentralbank die „Diskont= schraube" angezogen, d. h., sie hat eine allgemeine Erhöhung des Zinsfußes veranlaßt, um den inländischen Unternehmungs= geist zu mäßigen und fremde Guthaben durch bessere Verzinsung zu bewegen, im Lande zu bleiben. So wird der Goldbestand geschützt und die Wiederkehr normaler Verhältnisse angebahnt. Nur in Zeiten ökonomischer und politischer Katastrophen mag das Mittel einmal versagen.

Der Nutzen, den die Goldwährung im internationalen Handel gewährt, ist so bedeutend und in die Augen fallend, daß Österreich und Rußland auf den klugen Gedanken gekommen sind, sich dieser Vorteile der Goldwährung zu bemächtigen, ohne jedoch zur Barverfassung ihres Geldsystems überzugehen. Beide Staaten haben ihr Ziel erreicht, und zwar auf verschiedenen Wegen. Die österreichisch-ungarische Staatsbank reguliert die „Devise" London in Wien, indem sie zu festbestimmtem Kurse Wechsel auf London abgibt und ankauft. Rußland läßt den Kurs seiner Valuta durch das Bankhaus Mendelssohn in Berlin mittels des Handels in seinen Noten regulieren. So vereinigt sich heimische Papierwährung mit festen Auslandskursen.

Wie stellt sich nun Geld und Gold in ihren internationalen Beziehungen dar? Geld ist nominale Werteinheit, staatlich gesetzt, begrifflich stofflos. Gold ist Ware, verwandelbar in Geldzeichen nach gesetzlichen Regeln und dadurch fest im Preis. Ein übermächtiger Händler, der Goldwährungsstaat, kauft und verkauft das Gold zu festem Preise und entzieht es dadurch den Wertschwankungen, die für alle anderen Waren durch den Wechsel von Angebot und Nachfrage entstehen. Gold ist also eine Ware, die durch ihr reichliches Vorhandensein und ihren festen Verkehrswert sich wie keine andere zur Begleichung der Schuldsalben von Land zu Land eignet und daher die Brücke bildet zwischen den Geldsystemen, die ihrer staatlichen Natur nach an die Landesgrenzen gebunden sind. Es darf aber nicht verkannt werden, daß die Verwendungsmöglichkeit des Goldes als internationales Zahlungsmittel nicht gebunden ist an seine Ausprägbarkeit, sondern daß derselbe Effekt erzielt werden würde, wenn in jedem Lande eine Goldannahme- und Abgabestelle mit festen Preisen in Landespapiergeld in Wirksamkeit träte.

4.

Darf man der neu gewonnenen theoretischen Erkenntnis auch praktischen Wert zuschreiben? Von einer theoretischen Erkenntnis bis zu praktischer Politik ist freilich ein großer Schritt.

<small>Die Emanzipation des Zahlungsverkehrs vom Goldgebrauch; Giralgeld.</small>

Der Theoretiker kann frei schalten und walten in den Sphären des reinen Denkens, nur einem Gebote folgend, der Pflicht zur Wahrheit; der Politiker steht unter dem Banne der Tatsachen, das absolut Gute muß er dem Erreichbaren opfern, Gewohnheiten, Vorurteilen Rechnung tragen, wo er nicht hoffen darf, sie zu überwinden. Dennoch ist eine Wahrheit, die die Wissenschaft findet, auch für den Praktiker von Gewicht, indem sie seine Motive bereichert; und die theoretische Rechtfertigung eines Zustandes, bei dem sich die Bevölkerung eines großen Staatswesens wohlbefindet, ist keineswegs bedeutungslos für die politische Erwägung. Niemand hat mehr das Recht, das österreichische Geldsystem um deswillen unvollkommen zu schelten, weil es der Barzahlung entbehrt. Aber auch auf die deutsche Geldpolitik und ihre Bestrebungen auf Einschränkung des Goldgebrauchs fällt ein freundlicher Schein aus den Höhen der neuen Theorie.

Nachdem der Sieg des Goldes über das Silber in allen Kulturländern entschieden ist, stehen wir unter dem Zeichen einer neuen Entwicklung, der Emanzipation des Zahlungsverkehrs vom Goldgebrauch. Am fortgeschrittensten auch hierin ist England. Nach den Berechnungen des amerikanischen Münzdirektors betrug im Jahre 1905 der ganze Goldumlauf in England etwa 1500 Millionen Mark, wozu etwa 800 Millionen in der Bank von England ruhenden Goldes hinzukamen. In Deutschland war der in den Banken und Staatskassen zusammengezogene Vorrat ein wenig geringer als in England. Dagegen liefen im Verkehr bei uns über 3 Milliarden in Gold um, also reichlich das Doppelte des englischen Goldumlaufs. Ein toter Reichtum, der die Rückständigkeit unseres Zahlungswesens offenbart, und dessen Befreiung zu lebendigem Wirken ein von der Reichsbank stetig verfolgtes Ziel bildet.

Wir wissen, welches Zahlungsmittel in England vorzugsweise die Rolle spielt, die bei uns der Goldmünze zukommt; es ist das Giroguthaben. Dieses erfüllt die Funktion des Geldes in einem Grade, daß man es im wirtschaftlichen Sinne (nicht im juristischen) geradezu als Geld bezeichnen darf. Das Giroguthaben bei einer Notenbank ist in der Tat rechtlich und wirtschaftlich der Banknote zum verwechseln ähnlich. Man wird es daher als „Giralgeld" bezeichnen dürfen.

Allein, worauf so selten geachtet wird, obgleich es für die Geldwirtschaft eines Landes unzweifelhaft von hoher Bedeutung ist, die Giroguthaben sind durchweg metallisch so gut wie ungedeckt. Da ist die Frage erlaubt, worin liegt der Vorzug des englischen Scheckſystems vor der Zahlung mit uneinlösbarem Papiergeld, wie sie in Österreich üblich ist? In der Einlösbarkeit in Gold? Die besteht doch nur scheinbar und nur so lange, als fast niemand von ihr Gebrauch macht. Für die Gesamtheit besteht sie jedenfalls nicht. Man vergleiche die Summe der englischen Depots (= 15 Milliarden) mit dem Goldbestand in den Banken abzüglich der Notendeckung (etwa 300 Millionen). Auf eine Golddeckung von 2% wird man sich doch nicht berufen wollen.

Es ist nicht anders: wie Österreich mit uneinlösbarem Papiergeld, so wirtschaftet England mit ungedecktem Giralgeld, und zwar ohne Gefährdung des öffentlichen Vertrauens. Zuzeiten hat es allerdings Vertrauensstörungen gegeben, die Depotinhaber haben dann stürmisch ihr Geld zurückverlangt. Aber auch für diesen Fall haben die praktischen Engländer vorgesorgt. In England sind die Noten der Bank von England gesetzliches Zahlungsmittel; man darf sie nicht zurückweisen und dafür Gold verlangen wie in Deutschland bei den Noten der Reichsbank. Nur die Bank von England ist natürlich zur Einlösung ihrer Noten in Gold verpflichtet. In Krisenzeiten nun zahlen die bestürmten Banken und Bankiers ausschließlich mit Banknoten.

Die Bank von England aber wird durch Parlamentsakte von der Deckungspflicht befreit. Ist der Sturm vorüber, das Vertrauen wiederhergestellt, so nimmt die Bank die Barzahlung wieder auf.

(Wieviel Unheil hätte verhütet werden können, wenn die Amerikaner von dieser Krisenbehandlung gelernt hätten. Da sie keine Zentralbank haben, so war es eben Sache des deren Stelle vertretenden Schatzamts, durch eine kurzzeitige Emission von Staatsnoten mit Zwangskurs Geld zu schaffen.)

Deutschland kann nicht von heute auf morgen zum Scheck- und Giroverkehr nach englischem (oder besser noch hamburgischem) Muster übergehen. Es kann aber von England lernen, daß der Zahlungsverkehr nicht in der bei uns beliebten Weise mit Gold ausgestopft sein muß, um seine Solidität zu behaupten. Das verlangt weder das Wesen des Geldes, noch das praktische Bedürfnis.

Wir brauchen zunächst nicht englischer zu sein als das klassische Goldwährungsland England und den Noten der Reichsbank die gesetzliche Zahlungskraft vorzuenthalten. Für die Aufrechterhaltung der Goldwährung genügt es bei uns sogut wie jenseits des Kanals, wenn die Zentralbank zur Einlösung in Gold verpflichtet bleibt. Die kleinen Noten würden sich unvergleichlich viel schneller einbürgern, wenn sie nicht im Privatverkehr zurückgewiesen werden dürften. Es ist ja nur die Furcht vor der Ablehnung dieser Noten, die die Kassierer veranlaßt, empfangend und auszahlend Gold zu bevorzugen. Zu wünschen wäre dabei freilich, daß die kleinen Noten so klein im Format gehalten würden, daß sie einmal gefaltet im Portemonnaie Platz finden, und vor allem — Sauberkeit! Die Bank von England gibt eine zurückerhaltene Note nie zum zweiten Male aus. Die deutschen Scheine sind oft so schmierig und übelriechend wie die Legitimationspapiere von Landstreichern.

Solange aber der „goldgesättigte" Verkehr (wie man unpassend sagt) noch nicht einen wesentlichen Teil seines Goldes an die Reichsbank abgeliefert hat, darf erwogen werden, ob nicht die Deckungsvorschriften wenigstens insofern eine Milderung vertragen können, als die Noten eine Funktion erfüllen, die in England dem ungedeckten Giralgeld zufällt. Ich denke hier besonders an die Kapitalverschiebungen und Zins= und Mietezahlungen an den Quartalsterminen, für die große Summen kurz vor dem Termin von der Reichsbank entnommen werden, die bald nach dem Termin an sie zurückfließen. Eine gesetzliche Bestimmung, nach welcher die Deckungsvorschriften in diesen Tagen minder streng lauten, würde sich durchaus rechtfertigen lassen.

Und noch ein anderer Punkt verdient in diesem Zusammenhange Erwähnung. Wenn man erst erkannt hat, daß die Goldwährung vorzugsweise, um nicht zu sagen ausschließlich, im Verkehr mit dem Ausland von Nutzen ist und das Gold bei der Reichsbank keine bessere Verwendung finden kann, als um bei Überschreitung des Goldpunktes zur Regulierung der Devise London zu dienen, so drängt sich der Gedanke auf, wie zweckmäßig es sein würde, einen Teil des Goldvorrats in einen eisernen Bestand von Wechseln auf London zu verwandeln, aus welchem dem Wechselmarkt Material zur Verfügung zu stellen wäre bei Gefahr und zur Verhinderung der Überschreitung des Goldpunktes. Damit würde das gewünschte Resultat sicherer und schneller erreicht als mit der Hergabe von Gold, und man hätte den Zinsgewinn auf die Wechsel obendrein. Selbstverständlich wäre dann dahin zu streben, daß kraft gesetzlicher Vorschrift diese Goldwechsel für ebenso deckungsfähig erklärt werden wie bares Gold.

5.

Juristische und ökonomische Betrachtung des Geldes.

Doch nicht in der unmittelbaren Anwendbarkeit seiner Lehre auf dem Gebiete praktischer Geldpolitik liegt die eigentliche Bedeutung des Knappschen Werkes. Bedarf es doch auch zur Begründung jener Vorschläge keineswegs besonderer theoretischer Vorkenntnisse, sondern nur einer aufmerksamen Beobachtung der Geldpolitik in den Nachbarländern und der Fähigkeit, aus den gegebenen Erscheinungen die Nutzanwendung abzuleiten. Das eigentliche Verdienst Knapps liegt auf rein wissenschaftlichem Gebiete. Trotz einer Fülle gediegenster Gelehrtenarbeit im einzelnen bot doch die Lehre vom Gelde im ganzen bisher ein höchst verschwommenes Bild, das wenig geeignet war, uns eine vertiefte Erkenntnis dessen zu vermitteln, was ein jeder schon durch das Leben vom Gelde wußte. Bei Knapp fühlen wir auf einmal, daß wir Boden unter den Füßen bekommen. Der Gedankenbau, den er aufführt, wirkt wie klare Architektur, deren Gliederungen augenfällig richtige Verhältnisse aufweisen. Wir erfahren, worin das Wesen des Geldes besteht, und sehen, wie die mannigfaltigen Erscheinungsformen des Geldes sich zwanglos einfügen unter den leitenden Begriff.

Dennoch bedeutet das Buch weniger einen Abschluß, als den Beginn einer wissenschaftlichen Entwicklung. Das Geld- und Währungsproblem ist durch Knapp nicht gelöst, sondern eigentlich erst neu gestellt worden. Er selber beschränkt sich auf Analyse und Konstruktion des Bestehenden und kritisiert weder die Goldwährung, noch forscht er den Prinzipien nach, welche für die Kreation des Geldes Geltung haben oder haben müßten. Ja, sogar der Geldwert, wie er als Vorstellung im menschlichen Gehirn lebt, und die Eigenschaft des Geldes als sogenannter Wertmesser liegen außerhalb des Rahmens seiner Untersuchungen. Lexis hat daher auch, bei aller Anerkennung, doch einen leisen Tadel wegen dieser Beschränkung auf die „formale" Seite des

Geldes nicht unterdrücken können. Allein, was Lexis hier „formal" nennt, ist in Wahrheit nicht der Gegensatz zum Materiellen, sondern bezeichnet die juristische Betrachtung im Gegensatz zur ökonomischen.

Knapps Werk trägt einen im eminenten Sinne juristischen Charakter. Schon der Titel verrät es. Und es begreift sich, daß die juristische Speise die nationalökonomischen Magen nicht sättigt. Die Nationalökonomen müssen sich von Knapp überzeugen lassen, daß der Metallismus nicht hinreicht, das Geldwesen zu erklären, aber die neue Lehre füllt sie nicht aus. Man hat ihnen die „Werte" eskamotiert, ohne die sie nicht leben können. Wo früher von Metall und Kredit die Rede war, soll jetzt der Staatsbefehl herrschen, ein ökonomisch ganz ungreifbares Ding. Man versteht das Mißbehagen. Wie ist da zu helfen?

Es läßt sich nicht leugnen, daß Knapps Lehre eine Ergänzung verlangt. Das Geld, juristisch gesehen, schließt keineswegs eine ökonomische Betrachtungsweise aus, fordert sie vielmehr. Nur darf man nicht hoffen, auf diesem Wege die von Knapp überwundenen falschen Vorstellungen von dem begrifflich notwendigen Eigenwert des Geldes wieder einschmuggeln zu können. Die sind und bleiben abgetan. Die ökonomische Betrachtung würde das Verhältnis des Geldes zu den Werten (Gütern) ins Auge zu fassen und jene von Knapp — von seinem Standpunkt aus mit Recht — beiseite gelassenen Fragen zu untersuchen haben.

Juristische und ökonomische Betrachtungsweise. Der Gegensatz bedarf vielleicht eines Wortes der Aufklärung.

Bekannt ist, daß viele Dinge im Verkehrsleben ein verschiedenes Gesicht zeigen, je nachdem man sie unter juristischen oder ökonomischen Gesichtspunkten betrachtet. Eine juristisch unzweifelhafte Forderung z. B. ist eine Forderung, auf die ich bei Gericht unzweifelhaft ein verurteilendes Erkenntnis erwirken würde. Ob sie auch ökonomisch unzweifelhaft ist, hängt von der Bonität des Schuldners ab. Man hat also allen Grund, sich bei Argumentationen über solche Gegenstände zu fragen, ob es sich um ökonomische oder juristische Wahrheit handelt. Ein anderes Beispiel. Von einem Schuldversprechen auf den Inhaber, das der Aussteller zurückerworben hat, um es vielleicht später wieder auszugeben, sagt der Jurist, die Verpflichtung ruhe zwar, bleibe aber existent; für den Ökonomisten dagegen ist die Verpflichtung nicht vorhanden, einerlei, ob die Urkunde aufbewahrt oder vernichtet wird; sie gehört daher z. B. auch nicht in eine (ökonomische Wahrheit gebende) Bilanz. Ferner: Eine Hypothekforderung, im Verkehr kurz Hypothek genannt, ist juristisch ein durch ein Pfandrecht an einem Grundstück gesichertes Forderungsrecht. Ökonomisch ist sie Anteil an einem Grundstück und seinen Erträgen. — Wo liegt in all diesen Fällen der Angelpunkt differierender Betrachtung? Er ist nicht zu verkennen. Der Jurist fragt nach Gesetz, nach Rechten und Pflichten, der Ökonomist nach Werten.

So auch beim Gelde. Für den Juristen ist das Geld staatlich approbiertes Zahlungsmittel, ein Werkzeug zur Lösung juristischer Verbindlichkeiten. Den Ökonomisten interessieren juristische Verbindlichkeiten nicht, also auch nicht die Mittel zu ihrer Lösung. Ihm kommt es an auf die Stellung des Geldes im Getriebe des ökonomischen Lebens. Und er fragt auch nicht nach Staatsbefehl und staatlicher Approbation. Was wirtschaftlich wie Geld funktioniert, was der Verkehr als Geld anerkennt, muß ihm Geld sein. Also auch die Giroguthaben, die nach der staatlichen Theorie unzweifelhaft nicht zum Geld gehören, wirtschaftlich aber Geld, girales Geld sind. Das staatliche Geld und das girale Geld sind aus der ökonomischen Perspektive gesehen nur Erscheinungsformen des „wirtschaftlichen" Geldes.

Dem Börsenbesucher wird damit nichts Neues gesagt sein. Die Leihware Geld, die Ware des Geldmarktes, die auf tägliche Kündigung (tägliches Geld), von Ultimo zu Ultimo oder auf sonstige Termine gehandelt wird, stellt sich vorzugsweise in Giroguthaben dar.

Eine bewußte Scheidung juristischer und ökonomischer Gesichtspunkte scheint bis in die neueste Zeit hinein nicht gerade die Richtschnur bei der wissenschaftlichen Behandlung des Geldes gewesen zu sein. Vielmehr fehlt es in der Literatur nicht an Erörterungen, in denen ökonomisch richtige Gedanken durch juristische Argumente „widerlegt" werden. So wird z. B. die wirtschaftlich ganz zutreffende Ansicht, daß in dem Gelde eine Anweisung des Besitzers auf Güter liege, von einem juristisch denkenden Schriftsteller mit Ausführungen über die lösende Kraft der Zahlung und die Rechtsnatur der Anweisung bekämpft, was beinahe auf die babylonische Sprachverwirrung hinausläuft.

Seitdem Knapp das Geld in seiner juristischen Struktur scharf und klar herausgearbeitet hat, wird man hoffen dürfen, von Begriffsverwirrungen der oben bezeichneten Art künftig verschont zu werden. Die Scheidelinie zwischen Juristischem und Ökonomischem ist reinlich gezogen; das Gebiet ist abgesteckt für eine neben der staatlichen aufzubauende wirtschaftliche Theorie des Geldes.

II.
Die wirtschaftliche Natur des Geldes und die Geldschöpfung.

6.

Aufgaben einer wirtschaftlichen Theorie des Geldes; Geldschöpfungslehre.

Nur der wirtschaftlichen Betrachtung wird sich das innere Wesen des Geldes enthüllen. Die Kenntnis seiner historischen Entwicklung aus dem wertvollen Tauschgut gibt uns noch keinen Aufschluß über seine Funktionen im wirtschaftlichen Getriebe. Auch Knapps Entdeckung seiner dogmatischen Gestalt als staatlich gesetzter Werteinheit löst die ökonomische Seite des Geldproblems noch nicht. Es gilt zu erforschen, welche Rolle das Geld im wirtschaftlichen Leben spielt, um danach die Zwecke zu bestimmen, denen es dient, und die Fehler zu erkennen, die den herrschenden Geldsystemen anhaften.

Wer aber sähe nicht den ungeheuren Fortschritt, den Knapps Werk auch für das nationalökonomische Wissen vom Gelde bedeutet. Solange der Wissenschaft der Eigenwert des Geldes als Axiom galt, mußte ihr die Goldwährung als Höhepunkt der Entwicklung erscheinen. Eine Kritik der Goldwährung war höchstens vom Standpunkt der Silbermänner oder der Bimetallisten denkbar. Erst seitdem Knapp das bisher so verschrieene Papiergeld mit dem Metallgeld in logische Gleichberechtigung gesetzt hat, ist der Boden gewonnen für eine fruchtbare Währungskritik. Und sogleich regt sich der Zweifel, ob es denn wirklich theoretisch richtiger ist, die Entstehung neuen Geldes an die Zufälligkeiten der montanen Produktion zu binden, als sie einer nach klaren Grundsätzen handelnden Staatsanstalt zu überlassen.

Hier möchte zu wiederholen sein, was schon oben bemerkt worden ist, daß neugewonnene theoretische Erkenntnis nicht ohne weiteres in praktische Politik umgesetzt werden kann und darf. Es wäre das törichtste, was man tun könnte, aus theoretischen Gründen die Goldwährung umzustürzen und das tiefgegründete Vertrauen zum Golde, in dem der Deutsche den ruhenden Pol in der Werterscheinungen Flucht erblickt, als quantité négligeable zu behandeln. Jede Zeit hat ihre Vorurteile und Irrtümer, die der Staatsmann nicht teilen darf, aber mit denen er rechnen muß, wenn er nicht Unheil heraufbeschwören will, und Generationen mögen vergehen, bis die grob sinnlichen Vorstellungen des Volkes von der Natur des Geldes einer richtigeren geistigen Auffassung gewichen sind. Die Wissenschaft aber darf sich nicht abhalten lassen, die letzten Konsequenzen zu ziehen und den allmählichen Sieg der richtigen Erkenntnis vorzubereiten.

Die Aufgabe der wirtschaftlichen Theorie des Geldes wäre also, das Wesen des Geldes seiner ökonomischen Funktion nach zu bestimmen und daraus die Grundsätze der Geldschöpfung zu entwickeln. Nicht der Geldschöpfung, wie sie besteht, sondern wie sie bestehen sollte, um klassisches Geld hervorzubringen. Was unter klassischem Geld zu verstehen ist, dürfte klar sein Es ist das Geld, das keinen Wertänderungen unterliegt, daher auch die Preise nicht beeinflußt, so daß man bei Preisschwankungen den Grund nur auf der Seite der Waren, nie auf der Seite des Geldes zu suchen hat.

Wir sind auf der Suche nach dem klassischen Gelde von absoluter Wertbeständigkeit. Die Geschichte lehrt, daß Papiergeld die ungeheuerlichsten Entwertungen erlebt hat. Doch hat man in Österreich im Jahre 1878 erfahren, daß es an Wertbeständigkeit dem Silber überlegen war. Der Grund jener

Entwertungen hat also nicht am Material gelegen, sondern an der Massenhaftigkeit seiner Produktion. Die Übermäßigkeit von Neuprägungen ist jedoch auch imstande, Metallgeld zu entwerten. Das hat in unseren Tagen das Silber bewiesen und in früheren Zeiten die Preisrevolution des 16. Jahrhunderts, die auf die großen Metallankünfte aus Amerika zurückzuführen war. Der Begriff der Inflation — das muß man wohl bemerken — ist auf die Überschwemmung mit metallischen Wertzeichen nicht weniger anwendbar als auf die übertriebene Tätigkeit der Notenpresse.

7.

Die ökonomische Funktion des Geldes.

Der kunstgerechte Auf- und Ausbau einer wirtschaftlichen Theorie des Geldes würde nicht nur den Rahmen dieser Abhandlung, sondern auch die Kräfte des Verfassers bei weitem übersteigen. Doch wird es nicht zu vermessen sein, einige Gedankengänge zu entwickeln, welche vielleicht als Baumaterial für das künftige Werk eines Berufenen zu dienen vermögen.

Wollen wir das Wirken des Geldes erkennen, so müssen wir die Prinzipien auffinden, auf denen das wirtschaftliche Leben der Gegenwart, das den Namen „Geldwirtschaft" führt, aufgebaut ist.

Fragt man nach der Signatur unseres Wirtschaftslebens, so hört man meist die Worte Arbeitsteilung und Güteraustausch. Beide Ausdrücke treffen nicht recht die ökonomische Seite der Sache, auf die doch alles ankommt. Arbeitsteilung ist weniger ein ökonomischer als technologischer Begriff, und Güteraustausch charakterisiert nicht die „wirtschaftliche Arbeit, sondern den Akt der Ablieferung ihrer Erzeugnisse. Jene beiden Ausdrücke sind unvollkommene Bezeichnungen für die eine ökonomisch wichtige Tatsache, daß die Arbeit bestimmt ist, anderen Personen als dem Arbeitenden zu dienen, wobei sich dann der Güteraustausch von selbst versteht. Das Charakteristische unserer Produktion ist ihre Richtung auf das Bedürfnis der „Anderen", gleichgültig welcher. Der einzelne arbeitet für die Gemeinschaft. Alle für alle.

Und was hier von der Arbeit gesagt ist, gilt auch für den Gebrauch der stehenden Kapitalien. Der Kapitalist stellt sein Miethaus, sein Schiff, seine Maschinen, seine Kapitalien, ob er sie allein oder als Teilbesitzer in Form von Aktien oder Obligationen besitzt, den „Anderen" zur Verfügung. Er leistet nicht Arbeit, sondern Kapitalgebrauch, der in der Produktion der Arbeitsleistung ökonomisch gleichsteht.

Dieser Produktion, die, für sich gesehen, sich wie die Betätigung einer grenzenlosen Nächstenliebe ausnimmt, steht die Konsumtion gegenüber, bei welcher der Egoismus zu seinem Rechte kommt. Denn wie die Produktion nur das fremde, faßt die Konsumtion nur das eigene Bedürfnis ins Auge. Stellt sich die Produktion in den Dienst „Aller", so nimmt die Konsumtion den Dienst „Aller" in Anspruch.

Wie aber findet die Verknüpfung statt zwischen Produktion und Konsumtion? Tritt die Obrigkeit, der Staat dazwischen und weist jedem den ihm gebührenden Teil an der konsumreifen Produktion zu? Das ist der Traum der Sozialisten, die unsere individualistische Wirtschaftsordnung mit ihren vermeintlichen Härten und Ungerechtigkeiten aus der Welt schaffen wollen. Unser Staat überläßt die Anknüpfung der Konsumtion an die Produktion der privaten Vereinbarung.

Auch im sozialistischen Staate gäbe es Arbeitsteilung und Arbeit aller für alle. Und alles, was produziert würde, käme bestimmungsgemäß zum Konsum. Ein Gleichgewicht zwischen Produktion und Konsumtion wäre also auch da vorhanden. Was aber fehlen würde, ist das individualistische Gleichgewicht. Der sozialistische Staat sorgt nicht dafür, daß der einzelne soviel Gegenleistung erhalte, wie seine Leistung wert ist. Das ist der entscheidende Gegensatz.

Ist bei uns die Anknüpfung der Konsumtion an die Produktion der privaten Vereinbarung überlassen, so hat jeder selbst darauf zu achten, daß der Wert seiner Leistungen im Einklang stehe mit den Vorteilen, die er in Gestalt von Wohnung, Kleidung, Nahrung und sonstigen Genußwerten von der Gemeinschaft in Anspruch nimmt.

Es ist das charakteristische Merkmal unserer Wirtschaftsverfassung, daß man für das, was man dem Einzelnen geleistet hat, sich fordernd an die Gemeinschaft halten kann. Für die Tätigkeit, die jemand im Bureau einer Aktiengesellschaft ausübt, nimmt er die Lieferung von Schuster und Schneider, von Bäcker und Metzger in Anspruch, die ihm nicht verpflichtet sind und von der Art oder Nützlichkeit seiner Beschäftigung nicht die geringste Ahnung haben. Es genügt, daß irgend jemand meine Dienste nützlich findet und sie abnimmt, um unzählige andere Personen zu bewegen, mir wieder ihre Dienste anzubieten, und zwar innerhalb des Wertes meiner jenem anderen gemachten Leistungen.

Dieser wunderbare soziale Mechanismus, dieses Arbeiten aller für alle unter dem Prinzip des individualistischen Gleichgewichtes der Leistungen hat zwei Voraussetzungen: erstens die allgemeine Fähigkeit, mit Werten zu rechnen unter Anwendung allgemein anerkannter Werteinheiten, zweitens die Verwendung von Zeichen, welche solche Werteinheiten bedeuten und allgemein als Belege über geleistete Dienste und deren Wert anerkannt werden. Diese Voraussetzungen erfüllt das Geld, und zwar auch in der modernen Form des Giralgeldes.

Um das wirtschaftliche Wesen des Geldes richtig zu erkennen, muß man sich also der Hilfsfunktion bewußt werden, die es ausübt. Niemand dient um des Geldes selbst willen, sondern um der Vorteile willen, die es bietet. Das Gewicht, das dem Gelde in der Sprache des Lebens beigelegt wird, darf nicht die dienende Art seines Wesens verschleiern.

Das Geld ist der Vermittler zwischen Produktion und Konsumtion. Wer für eine Leistung Geld erhält, ist damit nur privatrechtlich abgefunden, volkswirtschaftlich erscheint er mit dem Geld in der Hand als Legitimationsträger für entsprechende Gegenleistungen.

So stellt sich das Geld, das juristisch Zahlungsmittel ist, volkswirtschaftlich als ein durch Vorleistungen erworbenes Anrecht an der verkaufsreifen konsumtiblen Produktion dar.

Für das klassische Geld scheint sich schon hieraus eine bedeutsame Konsequenz zu ergeben. Nur die Dienste, die man den anderen leistet (welche sie abnehmen und aus ihren Guthaben an geleisteten Diensten bezahlen), berechtigen zum Geldempfang, d. h. zur Legitimation auf Gegenleistungen. Der Gedanke, solche Legitimation originär erwerben zu können aus Goldgruben oder gar aus dem Laboratorium des Chemikers, steht wirtschaftlich mit der Falschmünzerei auf gleichem Boden. Es erscheint wie eine illegitime Geldschöpfung, die die Rechte der legitimen Geldbesitzer verletzt.

Unter dem Gesichtspunkt des Gleichgewichtes von Leistungen und Gegenleistungen tritt die ökonomische Bedeutung des Geldverdienens in eine besondere Beleuchtung. Wenn irgendwo jemand in seinem Berufe 10 000 Mk. verdient, so heißt das, daß für ihn ungezählte Hände — im Inlande wie im Auslande — an der Arbeit sind, die für 10 000 Mk. Güter für ihn bereitstellen.

Diese Harmonie zwischen Geldverdienen und Güterbereitstellen mag manchem im Widerspruch mit dem wirklichen Leben zu stehen scheinen. In der Tat, wer heute Geld verdient, kann nicht wissen, was und wieviel er dafür bekommen wird. Es steht der Preiskampf dazwischen, der mit jener Harmonie unverträglich zu sein scheint. Allein von höherem Gesichtspunkt, aus der nationalökonomischen Vogelperspektive gesehen, ist der Preiskampf nichts als ein friedliches Wertermittelungsverfahren mit rückwirkender Kraft.

Machte man in einem gegebenen Moment einen Querschnitt durch das ganze wirtschaftliche Leben, so ständen die durch das Geld repräsentierten Ansprüche den zum Verkauf verstellten Unterhaltsmitteln im Gleichgewicht gegenüber. Im Gleichgewicht: das ist nicht mechanisch zu nehmen, sondern als Ergebnis des Preis- und Konkurrenzkampfes.

8.

Das Geld bei der Kapitalbildung. Die Ergebnisse der vorstehenden Ausführungen bedürfen nach verschiedenen Richtungen der Ergänzung, um den Erscheinungen des wirtschaftlichen Lebens gerecht zu werden. Zunächst eine Frage: Ist es überhaupt richtig, daß man Geld als Anweisung auf Gegenleistungen für seine Vorleistungen nur erhält, um dagegen Konsumgüter zu erwerben? Das Geld, das z. B. der Schuhmacher für ein Paar Stiefel bekommt, soll doch keineswegs nur zu seinem Konsum dienen; denn er bezahlt doch mit einem Teil des Geldes den Lederlieferanten und die Arbeit seiner Leute. Unzweifelhaft. Doch soll auch der weitergegebene Geldbetrag Konsumgüter vermitteln, nicht dem Schuhmacher, sondern jenen Hilfskräften. Der letzte Verkäufer ist eben immer zugleich der Einkassierer für die hinter ihm stehenden Leistenden. Das ist so klar, daß es der Erwähnung kaum bedarf.

Dagegen wird festzustellen sein, was unter den konsumtiblen Gütern zu verstehen ist, in denen wir die Gegenleistung für unsere Vorleistung empfangen. Nur Nahrung und Kleidung oder auch Möbel und andere Gebrauchsgegenstände, die uns Jahrzehnte lang dienen?

Wir sind ferner stillschweigend davon ausgegangen, daß

jeder den Gegenwert seiner Leistungen in konsumierbaren Gütern zu eigenem Genuß empfange, haben also Spartätigkeit und Kapitalbildung unberücksichtigt gelassen. Es bleibt daher zu erörtern, wie sich diese wirtschaftlichen Vorgänge in das gewonnene Bild einfügen.

Endlich, wie hat man sich unter dem Gesichtswinkel der obigen Betrachtung die Geldzeichen vorzustellen, damit sie ihrer Aufgabe, den Empfangsberechtigten zu legitimieren, gerecht werden können? Mit der Befriedigung des Anspruchs auf Gegenleistung müßten die Legitimationszeichen doch hinfällig werden und verschwinden. Nun wissen wir ja zwar, daß das in der Einzelwirtschaft in der Tat der Fall ist. Mit dem Empfang der Gegenleistung wird man sein Geld los. Aber in der Volkswirtschaft — wenn man sie sich isoliert denkt — muß das Geld doch irgendwo bleiben.

Wir wollen die Fragen nacheinander prüfen und beantworten und zunächst die konsumtiblen Güter umgrenzen.

Der Begriff der Konsumtion ist nicht im engen privatwirtschaftlichen, sondern im volkswirtschaftlichen Sinne zu nehmen. Was aus dem Warenverkehr ausscheidet und in den Privatgebrauch übergeht, ist damit vom Standpunkt der Gemeinschaft konsumiert, mag der Private sich auch noch lange seines Besitzes freuen. Unter konsumtiblen Gütern im Sinne dieser Ausführungen sind also alle Dinge zu begreifen, die man sich zu eigenem Ge= und Verbrauch anzuschaffen pflegt, ohne Rücksicht, ob ihnen privatwirtschaftlich Kapitaleigenschaft innewohnt. Eine Gewaltsamkeit wird man in dieser Begriffsumgrenzung nicht erblicken dürfen. Würde doch auch kein Nationalökonom den Wert häuslicher und persönlicher Gebrauchsgegenstände in die Ersparnisse der Nation mit einrechnen.

Wenn in dem oben gezeichneten volkswirtschaftlichen Bilde als Gegenleistungen nur konsumtible Güter in Betracht kamen, so konnte das nicht anders sein, da alle Volksgenossen für einander tätig werden, ohne daß es zu Spartätigkeit und Kapitalbildung kommt. In der durch die Spartätigkeit hervorgerufenen kapitalbildenden Arbeit haben wir eine zweite Stufe volkswirtschaftlicher Tätigkeit zu sehen, deren isolierte Betrachtung sich im Interesse der Klarheit empfiehlt, auch wenn besondere Resultate für die Natur des Geldes daraus nicht abzuleiten sind.

Wenn wir vom Sparen reden, so brauchen wir nicht an die veraltete Methode des Aufbewahrens von Geld in Kästen und Strümpfen zu denken. Wer sein Geld aufhäuft, bewirkt, daß die für ihn bereiteten Güter vergeblich auf Abnahme warten. Absatzschwierigkeiten aus diesem Grunde kennt unsere Zeit gottlob nicht mehr.

Das Sparen, das wir im Auge haben, ist das volkswirtschaftlich nützliche Sparen, die subjektive und objektive Kapitalbildung. Das Doppelantlitz dieses Vorganges wollen wir an einem einfachen schematisierten Beispiel zeigen.

Ein wohlhabender Mann bringt den nicht verbrauchten Teil seiner Einkünfte allmonatlich seinem Bankier. Für sein Guthaben besorgt ihm der Bankier nach einiger Zeit eine Hypothek an einem neuerbauten Hause. Zu den Baugeldern, mit denen das Haus aufgeführt ist, hatten auch jene ersparten Gelder gehört.

Analysieren wir den Fall. Die Gelder, die der Sparer dem Bankier bringt, repräsentieren Konsumtibilien, die ihm die Gemeinschaft als Entgelt für seine Leistungen zur Verfügung gestellt hat. Er verzehrt sie nicht selber; er spart sie. Bleiben sie deshalb unverzehrt? Nein. Durch die Vermittelung des Bankiers werden sie abgenommen und verzehrt von dem Bauunternehmer, Ziegelfabrikanten, Handwerkern, Arbeitern, kurz allen Personen, die am Bau beteiligt sind, und der Sparer erhält als Entgelt einen Anteil am fertigen Werk. So sind die Unterhaltsmittel durch ihre Ersparung flüssiges Kapital und durch ihre Verwendung festes, stehendes Kapital geworden. Geld und Lebensmittel haben sich verwandelt in Hypothek und Haus.

Eine Zwischenfrage liegt nahe. Die Güter, die die Gemeinschaft für einen wohlhabenden Mann bereitstellt, sind doch anderer Natur als die zur Befriedigung von Arbeiterbedürfnissen geeigneten? Das ist an sich gewiß richtig. Indessen rechnet die Volkswirtschaft mit der Spartätigkeit und stellt daher für den Sparer, d. h. zu seiner Verfügung, Güter bereit, die nicht er selber, wohl aber die Abnehmer seiner Ersparnisse konsumieren können.

Also — das ist das Ergebnis — auch die Gelder des Sparers repräsentieren Konsumgüter, und ebenso haben wir in den flüssigen Kapitalien die Verfügungsmacht über Konsumgüter zu erblicken. Zugleich ist damit der kapitalbildenden Arbeit ihr Platz im ökonomischen Betriebe angewiesen. Sie ist sekundärer Natur; sie empfängt ihre Impulse aus zweiter Hand. Die primäre Arbeit ist der gegenseitige Dienst im Hinblick auf die Konsumtion. Bäcker, Schuster, Schneider, Hausvermieter, aber auch Lehrer, Arzt und Geistliche sind unabhängig von der Sparkraft der Bevölkerung, sie finden ihren Lebensunterhalt, auch wenn die Bevölkerung ausgibt, was sie einnimmt, und nichts zurücklegt. Sie gehören zur ersten Stufe volkswirtschaftlicher Tätigkeit. Auf der zweiten Stufe stehen die Berufe, denen erst die Spartätigkeit Beschäftigung verschafft, der Maurer, der Architekt, der Maschinenbauer usw. Ihre Existenz ist geknüpft an die Ersparnisse, die die Nation erübrigt. So ist der Sparer der Brotherr der mit der kapitalbildenden Arbeit befaßten Berufsstände.

In dem Durcheinander des gewerblichen Lebens ist diese logische Gliederung nicht zu erkennen; ja, der Augenschein spricht sogar dagegen. Wenn wir z. B. für einen größeren Zinsbetrag, den wir einkassiert haben, einen Hypothekenpfandbrief kaufen, so verwandelt sich unser flüssiges Kapital sofort in festes, ohne die Zwischenstufe der Kapitalbildung zu passieren, und anderseits können wir durch den Verkauf von Wertpapieren festes Kapital in flüssiges verwandeln, während man selbstverständlich nicht imstande ist, ein Haus wieder aufzulösen in die Konsumgüter, die den Unterhalt seiner Erbauer gebildet haben.

Die Erklärung dieses Widerspruchs liegt darin, daß, was privatwirtschaftlich Kapitalverwandlung zu sein scheint, es volkswirtschaftlich nicht ist. So wenig aus festem Kapital wieder flüssiges werden kann (wie daher Geldkreationen auf Basis stehender Kapitalien widersinnig sind), so wenig kann flüssiges Kapital sich in einem Moment in festes verwandeln. In beiden Fällen liegt volkswirtschaftlich nur ein gleichgültiger Personenwechsel vor; das feste Kapital aber bleibt fest und das flüssige flüssig.

Es versteht sich, daß in den Konsumgütern, welche das flüssige Kapital des Sparers repräsentiert, und welche der Bauunternehmer übernimmt, nicht nur der Unterhalt der Bauarbeiter, sondern auch der der Lieferanten enthalten ist. In der Ware, die der Unternehmer kauft, empfängt er Arbeitsprodukte, die geschaffen sind mit den Mitteln des Produzenten, d. h. unter Aufwendung von Konsumgütern, die diesem zur Verfügung gestanden hatten. Für diese Aufwendungen leistet der kaufende Bauunternehmer Ersatz mit dem Gelde des Sparers, d. h. wiederum mit Konsumgütern, die dem Produzenten die weitere Produktion ermöglichen. — Es gilt in dieser Beziehung nichts anderes, als was für die Produkte aller Hilfsgewerbe zutrifft, worauf wir am Eingange dieses Abschnittes hingewiesen haben.

9.

Die Betriebskapitalien.

Sind Spargelder Repräsentanten von Konsumgütern, die mit dem Werden des Baues verzehrt werden, so folgt daraus, daß damit auch die Gelder in dem gleichen Tempo aus dem Verkehr verschwinden müssen. Für das fertige Haus, ja, auch für die Hypothekenpfandbriefe, die ökonomisch Hausanteile darstellen, kann es also in der Volkswirtschaft kein korrespondierendes Geld geben. Nun wissen wir aber aus Erfahrung, daß der Sparer meist erst nach Fertigstellung des Hauses auf dem Plan erscheint, um den Pfandbrief zu erwerben. Das Haus kann also nicht von seinen Ersparnissen gebaut worden sein. Mit wessen Geldern dann aber?

Wir kommen damit auf die Frage nach der Natur der Betriebskapitalien. Das Betriebskapital ist der Vorläufer des ersparten flüssigen Kapitals. Es dient zur Errichtung des Hauses, bereitet dem Kapital des Sparers den Platz und zieht sich zurück zu neuen Werken, wenn das Geld des Sparers als Hypothek (Pfandbrief) seinen Einzug gehalten hat.

So wenigstens stellt sich die Sachlage für die privatwirtschaftliche Betrachtung dar. Das Betriebskapital ein wandernder Wertkomplex von individuellem Leben. Nationalökonomisch ist das indessen eine ganz unmögliche Vorstellung.

Wir wissen weshalb: Festes Kapital kann nie wieder flüssig werden. Das Geld des Sparers (die zu seiner Verfügung stehenden Konsumgüter) zieht nicht ein in das fertige Haus, sondern wird neues Betriebskapital des Unternehmers an Stelle des verbrauchten alten.

Doch nicht alles flüssige Kapital ist dazu bestimmt, in festes Kapital verwandelt zu werden. Die Betriebsmittel aller derjenigen Gewerbe, welche die Herstellung von Konsumgütern zum Gegenstande haben, sind flüssiges Kapital, das wieder in flüssiges, und zwar höheren Grades, verwandelt wird. Wer in einem gemieteten Lokal eine Fabrik betreiben will, bedarf außer seinem Lebensunterhalt der Mittel, um für eine gewisse Zeit Miete, Rohmaterial und Arbeitslöhne bezahlen zu können; d. h. es müssen in der Volkswirtschaft in dem bezeichneten Umfange Konsumgüter für den Vermieter, die Hersteller des Rohmaterials und die Arbeiter vorhanden sein, und der Fabrikherr muß die Verfügung darüber haben (flüssiges Kapital). Wie beim Hausbau werden diese Konsumgüter verzehrt, während die neuen Güter vollendet werden. Die Gemeinschaft nimmt die Waren ab und stellt dem Fabrikanten als Gegenleistung in Form von Geld Anweisung auf neue Konsumgüter für ihn und seine Helfer zur Verfügung. Damit hat der Unternehmer nationalökonomisch neues Betriebskapital, während man privatwirtschaftlich zu sagen pflegt, er habe sein Betriebskapital einmal umgesetzt.

Wir würden nicht genötigt sein, die Betriebskapitalien zu erwähnen, wenn ihre nationalökonomische Natur nicht so oft mißverstanden würde, woraus dann falsche Schlüsse auf das Wesen des Geldes gezogen werden. Man kann die Natur der Betriebsmittel nur begreifen, wenn man in dem Gelde den Repräsentanten von Gütern erblickt.

Die sinnlich am Gelde haftende Betrachtungsweise kann der Natur der Betriebsmittel nicht gerecht werden. Sie sieht, wie sich Geld in Waren und diese wieder in Geld verwandeln, und findet nach ihrer Erfahrung die allgemeine Prosperität um so größer, je rascher das Geld „rouliert". Da hat man sich dann den Kopf zerbrochen, wie man den Umlauf des Geldes beschleunigen könnte, um auf diese Weise die Wohlhabenheit zu fördern. Es ist die so häufige Verwechselung von Symptom und Ursache! Auf den schnellen Umlauf des Geldes kommt gar nichts an; die Umlaufsgeschwindigkeit ergibt sich aus Produktion und Konsumtion mit Selbstverständlichkeit, nicht anders, wie der Umlauf der Marken beim Kartenspiel oder die Buchführung bei den Geschäften. Nur, wo man noch dem Sparstrumpf huldigt, ist eine Aufforderung, das Geld in Bewegung zu setzen, am Platze.

Das wirtschaftliche Getriebe ist kein Kreislauf von Werten, sondern Produktion und Konsumtion. So wenig sich die Jahre im Kreise drehen, so wenig die invaliden Arbeiter als Jünglinge wiederkehren, so wenig können konsumierte Werte wiedererstehen. Das ist höchst selbstverständlich, aber bei den verschwommenen, Bildliches und Wirkliches konfundierenden Vorstellungen, die heute herrschen, möchte man doch manchmal daran erinnern.

10.

Das klassische Geld; Warenwechsel und Banknoten.

Wir stehen vor der Aufgabe, das klassische Geld zu bestimmen und seine Schöpfung zu zeichnen, wollen jedoch vorher einen Zweifel beseitigen. Spielt nicht das Geld, abgesehen von den angeführten Funktionen, noch eine besondere Rolle bei Kapitalverschiebungen?

Jemand will ein Haus kaufen und macht dafür einen Posten Wertpapiere zu Gelde; der Verkäufer des Hauses kauft für den Erlös wiederum Wertpapiere. Hier liegt nur ein nationalökonomisch indifferenter Personenwechsel vor. Flüssiges Kapital hat eine Nebenfunktion erfüllt, hat als Tauschwerkzeug zwischen Haus und Wertpapieren gedient und ist nach vollbrachter Tat wieder heimgekehrt. So und durch ähnliche Vorgänge entsteht der Geldbedarf an den Umschlagterminen, der die Volkswirtschaft um so weniger genieren wird, je mehr sich das Zahlungswesen im Giroverkehr zentralisiert. Für das Wesen des Geldes ist daraus nichts abzuleiten. Anderseits ist nicht zu verkennen, daß diese, wenn auch nur vorübergehende Beraubung des Geldmarktes um große Beträge Unzuträglichkeiten im Kreditwesen zur Folge hat, deren Abstellung um so leichter ist, je klarer man sich über das Wesen der Erscheinung wird. Flüssiges Kapital, das Konsumgüter repräsentiert und in dieser Eigenschaft als Leihware ausgeboten ist, wird plötzlich am Quartalstermin auf zehn oder vierzehn Tage seinem eigentlichen Zweck entfremdet und aus dem Markt genommen, um für den Umsatz von stehendem Kapital als Rechnungsmittel zu dienen. Die Folge ist der falsche Schein eines Mangels an flüssigem Kapital und erhöhte Zinssätze auf dem Geldmarkt. Eine kurzzeitige Geldkreation in Höhe des erfahrungsmäßig an den Quartalsterminen eintretenden Mehrbedarfs an Geld ohne Änderung des bestehenden Zinsfußes wäre hier nationalökonomisch ganz unbedenklich.

Doch nun zur eigentlichen Frage: Welche Erfordernisse sind nach allem Vorstehenden für das klassische Geld und seine Schöpfung aufzustellen?

Die Geldschöpfung muß so geordnet sein, daß man für seine Leistungen Geld bekommen kann. Soweit es sich um persönliche Dienstleistungen oder um Hilfsleistungen im Gewerbebetrieb handelt, hat der Leistende sich an den Abnehmer seiner Dienste zu halten. Dieser also hat der Gemeinschaft gegenüber den Anspruch auf Geldzeichen für jenen mit. Der Anspruch auf Geldzeichen, den der Inhaber des Gewerbes gegen die Gemeinschaft hat, ist aber davon abhängig, daß seine Produktion oder Handelsware der Gemeinschaft zur Verfügung gestellt und von dieser angenommen ist. Damit sind ausgeschieden die Warenbesitzer, die ihre Ware nicht verkaufen wollen (weil sie höhere Preise abwarten) oder nicht verkaufen können (weil sie unbrauchbar ist). Eine Geldkreation auf Grund von Lagerscheinen, wie sie einmal vorgeschlagen war, ist danach mit dem Zwecke des Geldes unverträglich, weil das Moment der Nützlichkeit der angebotenen Dienste oder Werte unerfüllt ist. Also nur verkaufte Ware kann die Basis für die Geldschöpfung bilden.

Das Geld soll aber zweitens von der Art sein, daß es verschwindet mit der Konsumtion der Güter, zu deren Anschaffung es diente. Da es Konsumgüter repräsentiert, darf es diese nicht überleben. Denkt man sich die ganze Volkswirtschaft auf den Aussterbeetat gesetzt, also einen Zustand, in welchem keine Neuproduktion, nur Verzehrung der vorhandenen Vorräte stattfindet, so müßte mit dem letzten Bissen auch das letzte Geldstück verschwunden sein. Wie wäre ein solches automatisches Verschwinden des Geldes, das die Einzelwirtschaft oft genug zeigt, in der Volkswirtschaft möglich? Dadurch, daß die Geldausgabe nur auf Zeit erfolgt, auf eine Zeit, die etwa der Dauer des Weges entspricht, den die Ware vom Produzenten zum Konsumenten zu durchlaufen hat.

Solches Geld existiert. Und zwar lebt es nicht etwa nur in den Gefilden der Phantasie, sondern greifbar unter uns. Es ist die Reichsbanknote, die gegründet ist auf den akzeptierten Warenwechsel.

Vergegenwärtigen wir uns den Vorgang der Wechseldiskontierung an einem vereinfachten (schematisierten) Beispiel.

Ein Fabrikant hat sein Kapital in dreimonatigem Betriebe in Ware verwandelt. Er ist mit seinen Mitteln zu Ende. Für die Ware hat er einen Käufer gefunden, der aber Kredit beansprucht, weil er Zeit braucht, Unterabnehmer zu finden, und auch nicht sofort Geld erhält. Der Käufer also akzeptiert einen Dreimonatswechsel, den der Fabrikant bei der Reichsbank in Diskont gibt. Jetzt hat der Fabrikant wieder Geld, kann Rohmaterial kaufen, seine Arbeiter bezahlen und neue Ware herstellen. Nach drei Monaten bezahlt der Käufer seine Wechselschuld an die Reichsbank aus den für die Ware einkassierten Geldern. Zugleich übernimmt er die neue Warenpartie, und das Spiel wiederholt sich.

Man muß sich klarmachen, daß der Kredit, den hier der Fabrikant bei der Reichsbank in Anspruch nimmt, etwas ganz anderes ist als die Hilfe aus einer gewöhnlichen Geldverlegenheit.

Die Vertrauenswürdigkeit der Unterschriften selbstverständlich vorausgesetzt, bedeutet der akzeptierte Wechsel, daß der Fabrikant der Gemeinschaft nützliche Arbeit geleistet und geliefert hat. Für diese Leistung gebührt ihm die Gegenleistung, und zwar sofort, denn gleichzeitig mit seiner Arbeit sind von der nie ruhenden Gemeinschaft die Konsumgüter hergestellt worden, welche ihm und seinen Leuten den Unterhalt bei der Weiterarbeit gewähren sollen und die nun der Abnahme harren. Verweigert die Gemeinschaft die sofortige Gegenleistung, so muß der Betrieb des Fabrikanten stillstehen, die Gemeinschaft seine Erzeugnisse entbehren, die Arbeiter sind brotlos und die für sie bereiteten Lebensmittel unverkäuflich. Die Diskontierung des Wechsels lag also nicht nur im Interesse des Fabrikanten, sondern auch im ausgesprochenen Interesse der Gemeinschaft.

Man wende nicht ein, der Fabrikant hätte ja auch Privatkapital in Anspruch nehmen können. Denn abgesehen davon, daß sich doch auch die privaten Diskonteure den Weg zur Reichsbank offen halten, muß eben erkannt werden, daß es sich hier um einen Kredit handelt, zu dessen Befriedigung es irgendwelchen Kapitals gar nicht bedarf.

Nun wird man freilich als Axiom den Satz anzusehen geneigt sein, daß Kreditbedürfnisse immer nur mit Kapital zu befriedigen seien. Wer einem anderen ein Gelddarlehn gewährt, stellt ihm ein Anrecht auf Leistungen zur Verfügung, die er bei der Gemeinschaft zugute hat, und deren er selber zurzeit nicht bedarf. Er muß also mehr Gegenleistungen zu seiner Verfügung haben, als sein Unterhalt erfordert, mit anderen Worten, er muß — flüssiges Kapital — gespart haben. Dasselbe ist der Fall, wenn man fällige Gegenleistungen stundet. Von dieser Regel ist auch der Staat, wenn er als Kreditgeber auftritt, nicht ausgenommen. Er darf Kredite nur gewähren aus den ihm zur Verfügung stehenden Kapitalien, d. h. mit Geldern, welche vorhandene Gegenleistungen (verkaufsreife Konsumgüter) repräsentieren. Wollte er anders handeln und sich für befugt halten, jeden Anspruch auf Kreditgewährung mit den Erzeugnissen der Notenpresse zu befriedigen, so würde ein Zustand geschaffen, den man als Falschmünzerei des Staates bezeichnen könnte, mit den naturnotwendigen Folgen der Preissteigerung und Geldentwertung.

Ganz anders liegt hier der Fall. Der Inhaber eines akzeptierten Warenwechsels beansprucht bei der Reichsbank kein Sparkapital — das nur gegeben werden könnte, wenn es irgendwo durch Sparen entstanden wäre und der Reichsbank zur Verfügung stände —, sondern er beansprucht Geldzeichen auf Grund des Nachweises, daß in entsprechendem Umfange Werte geschaffen und der Gemeinschaft zur Verfügung gestellt sind. Er verlangt nur Geld, nicht Kapital.

Was wir hier vor uns sehen, ist nicht weniger als ein Kreditrecht des Produzenten, das freilich noch keine Gesetzgebung anerkannt hat. Aber faktisch wird es geübt, und in der Leitung der Reichsbank wird man mindestens die Überzeugung teilen, daß in kritischen Zeiten die Aufrechterhaltung der Wechseldiskontierungen wichtiger ist als die Einhaltung der Deckungsvorschriften.

Es wird nur in der Konsequenz liegen, wenn man auf dieser Basis fortschreitend dem Staate oder der von ihm eingesetzten zentralen Geldquelle eine Geldschöpfungspflicht zuschreibt. Der Staat hat dafür zu sorgen, daß Geldzeichen als Legitimation für Gegenleistungen in dem durch die Vorleistungen bedingten Umfang vorhanden sind. Er muß also neuschöpfend auftreten, wenn mit dem Fortschritt des wirtschaftlichen Lebens die Produktion wächst, und muß bei sinkender Produktion für die Einziehung der Geldzeichen Sorge tragen. Diese Aufgabe erfüllt er in der Tat. Bei aufsteigender Konjunktur und wachsender

Bevölkerung nimmt infolge starker Wechseldiskontierungen die Notenzirkulation zu. Entgegengesetztenfalls werden die Neudiskontierungen durch die Rückzahlungen an die Reichsbank auf Grund fälliger Wechsel überwogen, und die Notenzirkulation schränkt sich ein. So erfüllt der in der Reichsbank und ihrer Gesetzgebung repräsentierte Staat seine Pflicht zur Geldschöpfung und Geldvernichtung.

Die Pflicht des Staates, Neugeld zu schaffen, setzt also ein bei dem Krebitbedürfnis des Produzenten. Indem er dieses befriedigt, erfüllt der Staat seine Geldschöpfungspflicht.

Die Geldschöpfung darf, wenn sie dem Wesen des Geldes gerecht werden will, nicht gebunden sein an irgendwelche Kapitalbildung, wie sie anderseits auch nicht zum Zwecke der Kapitalbildung (richtiger: Kapitalvortäuschung) erfolgen darf. Der Geldbegriff in seiner Reinheit hat mit Kapital nichts zu tun.

11.

Fortsetzung; Giralgeld.

So haben wir in der durch den Warenwechsel gedeckten Banknote das Muster klassischen Geldes gefunden, bei dem das Gleichgewicht von Vorleistung und Gegenleistung, von Produktion und Konsumtion, unbeeinträchtigt durch die Zufälligkeiten willkürlicher Geldschöpfung, in die Erscheinung tritt; des Geldes, welches im Parallelismus mit dem Entstehen und Vergehen der Konsumgüter erscheint und wieder verschwindet, und welches, unbelastet durch den Wert seines Stoffes, die bienende Funktion, zu der es berufen ist, erfüllt, ohne das Wertverhältnis der abzuwägenden Werte durch die Influenz seines eigenen Wertes zu stören.

Bei dem Warenwechsel und seiner Bedeutung für die Geldschöpfung ist oben etwas einseitig das Interesse des Produzenten in den Vordergrund geschoben worden. Es braucht kaum bemerkt zu werden, daß ein durchaus gleichartiges Interesse bei dem Kaufmann vorliegt, der den Fabrikanten befriedigt, von seinen Unterabnehmern aber statt Geldes einstweilen nur Wechselunterschriften erlangt. Solch ein Wechsel steht dem Produzentenwechsel selbstverständlich ganz gleich. Ebenso mag der Wechsel statt auf den Abnehmer der Waren auf ein Bankhaus gezogen sein. — Nicht geeignet zum Ausgangspunkt und zur Grundlage der Geldschöpfung zu dienen sind dagegen Wechsel, die nicht Warenkredit, sondern Kapitalkredit zum Gegenstand haben, also die sog. Finanzwechsel der Bankiers, ferner Wechsel, welche Fabrikanten auf Bankhäuser ziehen, um ihre Betriebsmittel zu verstärken, oder die Mittel zu Erweiterungsbauten zu erlangen. Das ergibt sich aus dem fundamentalen Unterschied zwischen Kapitalkredit und dem Kreditrecht des Produzenten, den wir oben festgestellt haben.

Als klassisches Geld steht der Banknote das Giroguthaben gleich, das die Reichsbank auf Grund diskontierter Warenwechsel schafft. Anstatt den Wechselbetrag dem Einreicher in Noten auszufolgen, schreibt sie den Betrag seinem Girokonto gut, und er verfügt über sein Guthaben mittels Schecks oder Giroüberweisung. Auf diesem Felde treten mit der Reichsbank zahlreiche Privatbanken in Konkurrenz, die ebenfalls als Schöpfer giralen Geldes anzusehen sind. Der Bestand an „reichsbankfähigen" Warenwechseln, den sie auf diesem Wege erwerben, ist für sie jederzeit durch Einreichung bei der Reichsbank in Geld verwandelbar, stellt also eine Barreserve dar für den Fall, daß ihnen die Girogelder weggezogen werden.

Bei der Reichsbank pflegen die Giroguthaben sich zu vermindern, wenn der Notenumlauf zunimmt, und umgekehrt. Diese Wechselwirkung zeigt den innigen Konnex auf, in welchem Noten und Giroguthaben zueinander stehen. Die Reichsbank faßt beide zusammen unter dem Namen „täglich fällige Verbindlichkeiten". Für uns sind sie beide das klassische Geld in verschiedener Gestalt. Das Geld auf seiner Dreimonatsreise von der Bank in den Verkehr und zurück zur Bank tritt je nach den Kreisen, in die es gelangt, mehr in giraler oder notaler Gestalt auf. Die Verwandlung besorgt die Bank sozusagen automatisch.

12.

Das ungedeckte Geld in der Verkehrsauffassung.

Die theoretische Betrachtung des Geldes unter Miteinbeziehung der als Geld fungierenden Giroguthaben, die Erweiterung des Geldbegriffes also auf alle von der Volkswirtschaft als Geld behandelten Werte steht im Gegensatz zu der sonst üblichen Methode, die von Geld und seinen „Surrogaten" redet und deren Natur aus den Elementen ihrer Erscheinung abzuleiten sucht, wobei sich dann ergibt, daß in Österreich der Zwanzigkronenschein sich eine ganz andere Begründung seines Zwanzigkronenwertes gefallen lassen muß als das Zwanzigkronenstück aus Gold. Allein, ebenso wie solche künstlichen und obendrein unzutreffenden Erklärungen dem einfachen Manne, der täglich mit Geld zu tun hat, fremdartig und unverständlich bleiben, so darf die hier gewählte Betrachtungsweise den Vorzug für sich in Anspruch nehmen, nicht nur der Natur des wirtschaftlichen Getriebes, sondern auch den Anschauungen des Lebens gerecht zu werden. Wer ein Girokonto führt und gewohnt ist, über sein Guthaben durch Scheck oder Giroüberweisung wie über den Inhalt seines Portemonnaies zu verfügen, dem wird man nie begreiflich machen, daß sein Guthaben wirtschaftlich etwas anderes sei als bares Geld. Freilich wird er in erster Linie sich für seine Auffassung darauf berufen, daß die Bank auf Verlangen ja bereit sei, ihm sein Guthaben bar auszuzahlen. Aber auch wenn man ihn über die Unfähigkeit der Bank, auch nur einem kleinen Teil solcher Ansprüche gerecht zu werden, aufklärt, wird er sich nicht beunruhigen. Denn selbst die Nachdenkenden sehen den Deckungsmangel recht gleichmütig an. Warum? Weil der Augenschein lehrt, daß die volkswirtschaftliche Maschine bei dieser Sachlage wohl funktioniert. Es muß also doch wohl, denkt man, alles in Ordnung sein, wenn man auch nicht recht hinter den geheimnisvollen Mechanismus kommen kann. Kurzum, das Publikum, oder schöner ausgedrückt: das Volk erkennt Noten und Giroguthaben als echtes Geld an, trotz des Deckungsmangels.

Laien und Gesetzgeber stehen hier vor einer im Grunde völlig klaren Alternative, die sie aber nicht erkennen wollen. Die Sache ist ganz einfach die: Entweder sind Warenwechsel geeignet, als Unterlage für klassisches Geld zu dienen, dann sind sie es unbeschränkt ohne Rücksicht auf ihre Quantität und auf etwa daneben bestehende Golddeckung; oder sie sind es nicht, und dann ist auch die kleinste Notenemission auf Grund von Warenwechseln ohne volle Golddeckung ein Fehler der Geldpolitik, eine Schöpfung unechten Geldes, gegen welche die Besitzer echten Geldes guten Grund hätten energisch zu protestieren.

Wir wissen, daß und warum die erste Alternative die richtige ist. Der deutsche Gesetzgeber will keine Entscheidung treffen. Der Verkehr aber folgt unserer Auffassung, nicht bewußt, sondern gefühlsmäßig.

Jedermann sieht ein, warum man sich der Falschmünzer erwehren muß. Man straft sie mit besonderer Strenge nicht wegen des Betrugs, den sie an dem Abnehmer ihrer Falsifikate begehen, sondern wegen des Verbrechens an der Gesamtheit. Sie nehmen Güter in Anspruch auf Grund falschen Geldes. Sie schädigen die legitimen Geldbesitzer, denen allein die zum Verkauf gestellten Waren zur Verfügung stehen, indem sie sich in deren Kreis eindrängen.

Ein bankerotter Staat, der seine Schulden in Zetteln mit Zwangskurs bezahlt, handelt faktisch als Falschmünzer. Die legitimen Geldbesitzer müssen sich den Einbruch der Neugeldleute gefallen lassen, die Waren heischend die Nachfrage steigern, die Preise in die Höhe treiben, die Kaufkraft des Geldes vermindern. Es ist so, als wenn sich an einen für eine bestimmte Zahl von Personen gedeckten Tisch einige Eindringlinge setzen. Auf den einzelnen entfällt dann so viel weniger. Die Quoten der legitimen Geldbesitzer werden vermindert.

Also: in jeder Volkswirtschaft hat jeder Geldbesitzer und jeder, der Geld zu erwarten hat, das lebhafteste Interesse daran, daß nicht durch staatliche oder private Neugeldschöpfung ungerechtfertigter Art der Wert seines Geldes vermindert werde. Wenn nun Goldgeld das einzig wahre Geld wäre, warum opponieren die Goldgeldbesitzer nicht dem Gebrauch der Surrogate, der Emission nicht voll mit Gold gedeckter Banknoten, dem fast ganz ohne Bardeckung wirtschaftenden Scheck- und Giroverkehr? Warum erkennen sie durch ihr Verhalten diese Surrogate vielmehr als dem Gelde ebenbürtig an? Einfach: weil auch die Goldgeldbesitzer nicht auf das Gold sehen, sondern nur auf die Funktion des Geldes, dem Besitzer den Erwerb von Gütern zu vermitteln. Sie sind sich eines Vorzugs vor den Besitzern von Noten oder Giralgeld überhaupt gar nicht bewußt.

So wird die hier dargelegte Anschauung vom Wesen des Geldes durch das Leben selbst bewahrheitet.

III.
Währungskritik und Reichsbankreform.

13.

Es ist in hohem Grade merkwürdig, wie weit unsere Bank= *Fortschreitende* gesetzgebung und die Verwaltung der Reichsbank den Forderungen *Erkenntnis des* entgegenkommen, die sich aus der hier vertretenen Anschauung *Geldes.* vom Wesen des Geldes ergeben. Um so merkwürdiger, als Gelehrte und Laien in der Zeit, als die Bankgesetzgebung entstand, in dieser Auffassung des Geldes ganz gewiß nichts anderes erblickt haben würden als eine gefährliche Ketzerei, die die Gemüter von der allein selig machenden Goldwährung ab= trünnig machen und zur Papierwirtschaft verführen sollte. Auch heute darf man noch nicht hoffen, die Erkenntnis von der symbolischen Natur des Geldes sich so bald durchsetzen zu sehen. Es steht entgegen der im berechtigten Kampf gegen den Bimetallismus erstarkte fast religiöse Glaube an die mystische Kraft des Goldes, der die Gutgesinnten aller Goldwährungs= länder vereinigt. Eine mächtige goldene Säule scheint im Tempel unseres nationalen Wirtschaftsgebäudes die Dach= konstruktion zu tragen; die Andeutung, daß das wertvolle Ding keinen Zweck habe, da die Konstruktion sich von selber halte, rührt an ganz andere und viel tiefere Empfindungen als nur an das technische Interesse.

Spätere Jahrhunderte mögen unser Zeitalter als das des Goldfetischismus bezeichnen und den Höhepunkt der Verblendung

in dem Kampf ums Gold sehen, den das von national=
ökonomischer Einsicht verlassene Amerika auf dem europäischen
Geldmarkt in jüngster Zeit mit so bedrohlicher Wirkung ent=
fesselt hat. Aber die Aufklärung wird kommen. Der Übergang
zu einer künftigen vernünftigeren Auffassung ist bei uns und im
Ausland schon deutlich vorgezeichnet. Unter allen Geldsystemen
das fortgeschrittenste ist das österreichische. Hier war die Not
die Lehrmeisterin. Aus schlechter Papierwirtschaft, die eine Folge
zerrütteter Staatsfinanzen war, ist ein gesundes Papiergeldsystem
geworden, das im Lande volles Vertrauen genießt. Einen
Österreicher braucht man von der symbolischen Natur des Geldes
nicht erst zu überzeugen. Aber auch Deutschland ist auf gutem
Wege, zwar weniger in der theoretischen Erkenntnis als in der
praktischen Übung der Reichsbank und in den entwicklungsfähigen
Ansätzen, die unsere Bankgesetzgebung zeigt.

Es ist von unschätzbarer Bedeutung, daß das Reichsbank=
gesetz für zwei Dritteile des Notenumlaufs Wechsel als Deckung
zuläßt. Hierin ist unsere Gesetzgebung der englischen, die im
Prinzip volle Golddeckung verlangt, weit überlegen. Nur daß
man erkennen sollte, daß unsere Gesetzgebung, wenn auch mit
einer Einschränkung, dem wahren Wesen des Geldes gerecht wird,
und daß das Wort „Elastizität der Notenemission", mit dem sich
nur kautschukartige Begriffe verbinden lassen, und das sog. „Be=
dürfnis des Verkehrs" nichts erklären und nichts rechtfertigen.
Der weitere große Fortschritt aber ist die bewußte Scheidung,
die die Reichsbank zwischen Waren= und Finanzwechseln vor=
nimmt, indem sie den letzteren die Diskontierung verweigert.
Das beruht auf der richtigen Erkenntnis, daß die Geldschöpfung
mißbraucht wird, wenn sie dazu dienen soll, Kapitalwerte vor=
zutäuschen, die nicht vorhanden sind.

Auf gleicher Stufe mit England steht Deutschland in der
Verwendung ungedeckten Giralgeldes. Die Ausbreitung des

Giroverkehrs immer weiter zu fördern, ist unsere Reichsbank eifrig bestrebt. Man braucht sich diesen Entwicklungsprozeß nur bis in seine letzten Konsequenzen fortgeführt zu denken, um zu erkennen, daß sogar unter der Herrschaft der Goldwährung das Gold fast völlig aus dem Verkehr verschwinden könnte.

In dieselbe Richtung weisen die Bemühungen der Reichsbank um die Einführung der kleinen Noten. Die nationalwirtschaftlich luxuriöse Goldverwendung im Verkehr soll eingeschränkt werden zugunsten einer Konzentration des Goldes bei der Reichsbank, wo es zur Aufrechterhaltung des Wertes unserer Valuta auf dem Weltmarkt weit nützlicher wirken kann. Wie ein Anachronismus mutete die Opposition an, die die Schaffung der kleinen Noten bei einigen Mitgliedern des Reichstages fand. Papier ist schlecht, Gold ist gut — diese naive Überzeugung, die den Reichsbanknoten vor dreißig Jahren die Eigenschaft als gesetzliches Zahlungsmittel vorenthalten hatte, wehrte sich noch einmal gegen den allgemeineren Gebrauch papierner Wertzeichen. Hoffentlich zum letztenmal. Denn das Bedürfnis, Geldschöpfung und Geldverkehr aus den Banden des Metalls zu befreien, das Gold auf die Rolle des internationalen Zahlungsmittels zu verweisen, und den heimischen Kapitalmarkt vor den Zufälligkeiten auswärtiger Goldproduktion und dem Goldhunger fremder Staaten zu schützen, wird sich im Laufe der Zeiten nur immer stärker geltendmachen.

14.

Kritik der Metallwährungen.

Wer das Wesen des Geldes in seiner Reinheit erfassen will, muß sich die Überzeugung zu eigen machen, daß die Ausstattung der Geldzeichen mit Eigenwert eine Begriffswidrigkeit ist. Denn das Geld hat nicht den Zweck, durch den Stoff, aus dem es hergestellt ist, uns zu erfreuen oder zu bereichern, sondern uns die Gegenleistungen zu vermitteln, auf die wir durch unsere

Vorleistungen einen Anspruch haben. In der Herstellung der Geldzeichen aus Gold oder anderem wertvollem Metall liegt ein atavistischer Rückfall in die längst überwundene Tauschwirtschaft, oder man kann auch sagen, sie ist ein rudimentäres Überbleibsel aus jener Zeit.

Freilich steht die ganze Goldwährung mit ihrer freien Privatprägung im Zeichen dieses Atavismus. Wer Gold hat, kann es in Reichsmünze ausprägen lassen. Das ist eine Bestimmung, die in unserer Zeit sich praktisch wenig fühlbar gemacht hat, gegen die aber in der Theorie sehr viel einzuwenden ist. Da ist das Geld noch ganz als Tauschgut gedacht, als Ware, deren Produktion und Import der Privattätigkeit überlassen ist; daß die Geldschöpfung Staatsangelegenheit sein und besonderen Prinzipien unterliegen könnte, ist den Gesetzgebern nicht in den Sinn gekommen, entsprach eben nicht den Anschauungen jener Zeit.

Die Bestimmung ist ja, wie gesagt, zurzeit ziemlich harmlos. Wenn Deutschland Gold aus dem Auslande beziehen will, muß es bei dem Stande seiner Wechselkurse besondere Anstrengungen machen; freiwillig bringt man es uns nicht.

Gefährlicher als diese Bestimmung ist die Vorschrift, welche der Reichsbank auferlegt, ihre Noten jederzeit in Gold einzulösen und zu einem Drittel mindestens bar gedeckt zu halten. Liegt in der freien Prägung der Keim zu — heute allerdings nicht zu befürchtendem — übermäßigem Goldzufluß, so kann die Deckungsbestimmung eines Tages durch Mangel an Gold für unser Geldwesen verhängnisvoll werden. Man denke nur an die unerträglichen Folgen, wenn eine übermäßig peinliche Reichsbankverwaltung wegen Fehlens der Golddeckung plötzlich das Diskontierungsgeschäft einstellt.

Vom theoretischen Standpunkt gewichtiger ist der Mangel, der dem Goldgelde durch seine Beeinflussung der Warenpreise anhaftet. Klassisches Geld von absoluter Wertbeständigkeit ist Goldgeld, wie alles Metallgeld, nicht. Als originär erworbene Legitimationszeichen vermindern sie die Genußquote, d. h. die Kaufkraft des Geldes. Wir haben schon oben gesehen: die Waren sind da für die Geldbesitzer, d. h. für die durch Leistungen zum Empfang von Gegenleistungen Legitimierten. In diesen Kreis drängen sich die Goldgeldfabrikanten, so daß die Nachfrage steigt und auf die Geldeinheit weniger an Waren entfällt.

Außerdem verfälscht das Goldgeld den geldmäßigen Ausdruck für das disponible flüssige Kapital. Alles Goldgeld, das nicht zirkuliert, wird Leihkapital der Banken; „Kapital", als wenn es Ersparnisse repräsentierte. Wie verkehrt das nationalökonomisch ist, kann man sich leicht klarmachen, wenn man sich vorstellt, daß in einem isolierten Staat ein großer Teil der Einwohner ausschließlich mit der Gewinnung von Währungsmetall beschäftigt wäre, während die übrigen Einwohner nur so viel Lebensmittel produzierten, wie sie für sich und die Goldsucher brauchten. Dann würden sich die Goldschätze in den Banken häufen und den falschen Schein von flüssigem Kapital hervorrufen, das schlechterdings nicht vorhanden ist. Gold im Inlande ist immer eine tote Kapitalanlage; ein „stehendes" Kapital, das keine Zinsen trägt. Trotzdem kann es nützlich sein, es vorrätig zu halten. Lebendigen Wert aber erlangt es nur, wenn man es exportiert.

Die theoretische Bedenklichkeit der Goldwährung ist praktisch nur von geringer Bedeutung, da der nationale Aufwand zur Bestreitung des jährlichen Mehrerfordernisses an Goldmünzen unbeträchtlich ist im Vergleich zur gesamten Güterproduktion des deutschen Volkes, so daß sich eine durch den Goldzufluß bewirkte Steigerung der Preise nicht wird nachweisen lassen.

Darin liegt ja überhaupt der große Vorzug der Goldwährung, daß sie der ganzen Kulturwelt gemeinsam ist. Ihre

Fehler werden deshalb so leicht ertragen, weil alle Kulturvölker sich darein teilen. Die Goldproduktion ist ein von der ganzen Welt garantiertes Gewerbe. Jeder Goldwährungsstaat kauft jedes ihm offerierte Quantum zu festem Preise; nur dies ist der Grund der sog. Wertbeständigkeit des Goldes. Bei der großen Kundenzahl blüht das Geschäft, kein Kunde beklagt sich, daß ihm zuviel zugemutet wird; viele möchten mehr haben, als sie bekommen. Deutschland alimentiert das Goldbaugewerbe mit etwa hundert Millionen Mark jährlich. So hoch ungefähr beläuft sich der Wert seiner Goldeinfuhr. Seine Mittel erlauben ihm das, obgleich nur das Ausland davon profitiert, denn seine eigene Goldgewinnung ist gleich Null.

Sollte jedoch eine Zeit kommen, die sich von dem Midaswahn, daß Gold Reichtum sei, emanzipiert und ihre Münzstätten schließt, so wird das Gold dasselbe Schicksal erleben wie das Silber. „Papier" wird wertvoller werden als Gold. Auf die übriggebliebenen Goldwährungsländer werden sich die Goldströme wälzen, Waren und zinstragende Werte außer Landes drängend, bis die unaufhaltsame Geldentwertung, wie sie in den Preisen, aber mehr noch in den Kursen der Auslandswechsel, in die Erscheinung tritt, die Schließung der Münzen, d. h. das Ende der Goldwährung, auch dort erzwingt. Mag der Praktiker über solche Eventualitäten ungläubig lächeln, dem Theoretiker sollte die gezeichnete Entwicklungsreihe als logische Selbstverständlichkeit erscheinen.

15.

Kritik der Papiergeldschöpfung. Scheidegeld.

Gold, sagten wir, ist festes Kapital, hervorgegangen aus Arbeit; flüssiges Kapital, ersparte Lebensmittel müssen vorhanden sein, ehe die Arbeiter das goldhaltige Gestein in Bearbeitung nehmen können.

Unter Verzehrung der Lebensmittel wird das Werk getan,

das Gold gewonnen, flüssiges Kapital in festes oder stehendes Kapital verwandelt. Aber trotzdem das Gold stehendes Kapital und unkonsumierbar ist, muß es in Gestalt von Geld dazu dienen, konsumierbare Güter, flüssige Kapitalien darzustellen. Das ist der Irrationalismus, der das Geldproblem zu einem Irrgarten gemacht hat. Man sieht, wie die Güter, die man mit dem Gelde kauft, entstehen und vergehen: das Geld aber bleibt — weltwirtschaftlich, nicht privatwirtschaftlich — unvergänglich.

Der prinzipielle Fehler, der hierin steckt, ist übrigens auch schon bei Papiergeldemissionen gemacht worden. Für ein in finanzielle Zerrüttung geratendes Staatswesen ist die Emission von Papiergeld immer das nächstliegende Hilfsmittel. Die Folgen davon sind ganz regelmäßig und ganz natürlicherweise erst ein Agio auf Metallgeld, dann dessen gänzliche Verdrängung aus dem Verkehr und starke Entwertung des Papiergeldes. Für diese beklagenswerten Folgen hat man von jeher den Papierstoff verantwortlich gemacht. Allein mit Unrecht. Die Geschichte der österreichischen Währung seit 1878 hätte uns eines besseren belehren sollen. Nicht am Stoff des Geldes lag das Übel, sondern an der Tatsache, daß der Geldemission keine Warenproduktion entsprach.

Daß nur Waren, nicht auch stehende Kapitalien sich zur Basis von Papiergeldemissionen eignen, ist nie schlagender bewiesen worden als durch die berüchtigten Assignaten der französischen Revolutionszeit. Dieses Papiergeld stand nicht etwa in der Luft, es war gegründet auf die Milliardenwerte der von der Regierung eingezogenen Kirchengüter. Aber diese dem Werte nach treffliche Fundierung schützte nicht vor gänzlicher Entwertung des Geldes. Denn mit dem Gelde wollte man Lebensmittel kaufen, woran es gebrach, während Kirchengüter, die vorhanden waren, ihrer Natur nach nicht konsumierbar sind.

Seltsamerweise gibt Nordamerika noch heute Papiergeld auf Basis stehender Kapitalien aus. Die Noten der Nationalbanken nämlich sind basiert auf Staatsanleihen. Ein Beweis dafür, daß die Natur des Geldes in den Vereinigten Staaten verkannt wird. Daß daraus kein Unheil entsteht, liegt einmal an dem nicht sehr erheblichen Umfang der Notenemission und dann an dem Umstand, daß dafür die Notenemission auf der Basis von Warenwechseln unterbleibt, so daß das Geld nur an der falschen Stelle, nicht im Übermaß produziert wird, womit übrigens die Fehler des amerikanischen Geldsystems keineswegs erschöpft sind.

In Deutschland ist die Notenausgabe auf der Basis stehender Kapitalien unzulässig. Die Reichsbank kann aus ihren eigenen oder ihr sonst zur Verfügung stehenden Mitteln gegen Verpfändung von Wertpapieren Kapitalkredit gewähren, nie aber gegen solche Unterlagen ihre Notenzirkulation erhöhen. Eine richtige Empfindung für das Wesen des Geldes kennzeichnet diese Bestimmung der Reichsbankgesetzgebung.

Mit einer — man möchte sagen — naiven Prinzipienlosigkeit wird dagegen noch die Kreation von Scheidegeld betrieben. Nach dem Bedürfnis, das man mit einer bestimmten Summe auf den Kopf der Bevölkerung annimmt, wird aus Silber, Nickel, Kupfer Scheidegeld geschlagen, und der dabei erzielte „Schlagschatz", d. h. der ganze Nominalwert des Scheidegeldes abzüglich Metall- und Prägekosten an die Reichskasse abgeführt. Also eine Geldschöpfung ohne die bei Noten und Giroguthaben erforderliche Warenwechselbasis und ohne entsprechenden Metallwert. Der Nutzen, den das Reich bei der Scheidemünzenprägung macht, ist zwar nicht groß. Qualitativ aber steht er in einer Linie mit dem Gewinn, den die Finanzen notleidender Staaten aus Emissionen ungedeckten Papiergeldes oder aus Münzverschlechterungen ziehen. Man sollte sich daher sehr hüten, eine verstärkte Ausprägung von Silbermünzen zu fordern, ohne mindestens vorher den anstößigen Gewinn für die Staatskasse zu beseitigen.

Das richtige wäre, die Emission des Scheidegeldes nach genau denselben Normen zu behandeln wie die Notenemission, also sie der Reichsbank anzuvertrauen und bankmäßige Deckung zu verlangen. Alle Gewinne, die der Staat aus der Geldschöpfung zieht, sind prinzipwidrig und für den Wert des Geldes gefährlich. Die Einnahmen, die dem Staate aus dem Geldwesen zufließen, bedeuten Einbußen für die Gesamtheit. Denn irgendwoher muß doch der Gewinn kommen, auch wenn der Betroffene den Verlust nicht empfindet. Worin aber besteht der Verlust? In einer unmerklichen Entwertung des Geldes.

Niemand kann wünschen, daß solche Entwertung des Geldes merklich werde, wenn auch nur merklich an einer unbedeutenden Verschiebung der Devisenkurse zu unseren Ungunsten; würde doch schon diese sich in einer Steigerung des Bankdiskonts fühlbar machen. Dann aber widerstehe man allen staatlichen Geldschöpfungsgewinnen. Nun wird man aber den Reichsbankanteilseignern solche Gewinne noch weniger gönnen. Wie man diesem Dilemma entgeht, darauf wollen wir zum Schlusse zurückkommen.

16.

In Zeiten knappen Geldes und hoher Zinssätze, wie wir sie jetzt erlebt haben, pflegt eine Menge gut gemeinter, aber schlecht durchdachter Vorschläge zur Verbesserung der Geldverhältnisse hervorzuspießen. Vor allem der Bimetallismus, dessen Durchführung die erträglichen Fehler des Monometallismus auf dem Gebiete der Preisbildung bis zur Unerträglichkeit potenzieren würde, erhebt sein Haupt und fordert verstärkte Ausprägung von Silbergeld. Das klingt so harmlos, ist's aber durchaus nicht,

Die Krisis 1907. Konzentration der Goldvorräte.

denn was das Geld auf diese Weise an Quantität gewinnt, muß es an Qualität verlieren.

Ein hoher Zinsfuß ist an sich ja keineswegs ein Symptom ungesunder wirtschaftlicher Verhältnisse. Hören wir nichts weiter, als daß in irgendeinem Lande ein hoher Zinsfuß herrscht, so wissen wir von dessen wirtschaftlicher Lage einstweilen noch gar nichts. Denn der hohe Zinsfuß braucht nicht auf schwache Kapitalbildung zu deuten; er kann auch bei normaler Kapitalbildung hervorgerufen sein durch die Ansprüche, die ein mächtig aufstrebender Unternehmungsgeist an den Geldmarkt stellt.

Allem Handel, auch dem Handel mit der Leihware Geld (= flüssiges Kapital) liegt eine latente Auktion zugrunde. Der Preis bestimmt sich erstens durch die Notwendigkeit, die Ware abzusetzen; sie wird ausgeboten. Sodann aber gilt das Gesetz, daß sie nur in die Hände derjenigen gelangen soll, für die sie den größten wirtschaftlichen Wert hat. Das sind die, welche die höchsten Preise bieten. So verhindert der Organismus unseres Verkehrs die unwirtschaftliche Verwendung seiner Hervorbringungen.

Auf den Geldmarkt unserer Zeit übertragen, bedeutet der hohe Zinsfuß, daß die vorhandenen flüssigen Kapitalien eine so lukrative Verwendung finden, daß Unternehmungen, die einen bescheideneren Ertrag in Aussicht stellen, zurzeit nicht in Angriff genommen werden können. Das sieht also keineswegs nach Kalamität, sondern nach Prosperität aus.

Indessen fehlt dem Zustande auch die Kehrseite nicht. Mit allen wirtschaftlichen Wandelungen, mögen sie auch die Allgemeinheit und zahlreiche einzelne fördern, sind doch für manche anderen Existenzen schwere Nachteile verbunden. Nicht immer vermögen Händler und Handwerker sich für den verteuerten Kredit durch eine Steigerung ihrer Preise schadlos zu halten.

Sie müssen oft schwere Verluste erleiden. Wichtiger aber ist folgendes Moment.

Steigt der Zinsfuß im Inlande über eine gewisse Höhe, so findet das Ausland es vorteilhaft, unserem Kapitalbedürfnis zu Hilfe zu kommen. Es tritt dann Verschuldung an das Ausland ein. Für die verstärkte Wareneinfuhr bleiben wir den Gegenwert schuldig. So stieg im Jahre 1906 der Einfuhrüberschuß gegen das Vorjahr um über 300 Millionen Mark. Verschuldung aber bedeutet Abhängigkeit.

Das haben wir jetzt eben erst bitter erfahren müssen. England forderte aus bewegenden Ursachen das vorgestreckte Geld zurück. Stürmisch ging der Reichsbankdiskont in die Höhe. Das half uns nichts, denn die Bank von England tat desgleichen. Der Kurs der Sichtwechsel auf London überschritt um ein beträchtliches den Goldpunkt. Wir mußten große Summen in Gold hergeben, und bei der ans Abergläubische grenzenden Verehrung, die der Goldbestand der Reichsbank genießt, schien manchem unser gesamter Wirtschaftskörper aus den Fugen gehen zu wollen.

So schlimm war es nun nicht. Was ist denn überhaupt Großes geschehen? Wir haben unsere Schulden bezahlen müssen in einem Moment, wo es uns sehr wenig paßte. Hätte man uns Zeit gelassen, so hätten wir die Forderung des Auslandes durch Steigerung unseres Exports allmählich beglichen, und wir hätten unser Gold behalten. Da man uns keine Zeit ließ, mußten wir eben ins Portemonnaie greifen. Bei der mit dem Nachlassen der Konjunktur bevorstehenden Einschränkung des inländischen Verbrauchs nebst Steigerung des Exports wird die Auffüllung des Manko keine besonderen Schwierigkeiten machen. Aber eine Lehre hat uns das Jahr 1907 immerhin gegeben. Es hat uns die Nachteile der Verschuldung ans Ausland vor Augen geführt und uns nebenbei die Vorteile ahnen lassen, die ein eiserner Bestand von Forderungen ans Ausland im Besitze der Reichsbank in solchen Zeiten bieten würde. Denn das wird man ohne weiteres annehmen dürfen, daß die Lage auf unserem Geldmarkt nicht annähernd ein so kritisches Aussehen angenommen hätte, wenn England nicht als Gläubiger, sondern als Darlehns=sucher für seinen amerikanischen Klienten auf dem deutschen Kapitalmarkt erschienen wäre.

Wenn man gesagt hat, es handle sich hier um eine Gold=krisis, nicht um eine Kreditkrisis, so ist das doch nicht richtig. Es lag, wie wir gesehen, eine plötzliche Kreditentziehung ab=seiten Englands (und Frankreichs) gegen uns vor. Nicht weil wir plötzlich unsichere Schuldner geworden wären, entzogen uns die Engländer den Kredit, sondern weil sie das Geld selbst brauchten, um die Lücken auszufüllen, die die Goldentnahmen der Amerikaner verursacht hatten.

Aber das fehlende Gold in Amerika hat doch die Krisis verschuldet? Auch das ist nicht richtig. Nicht am Golde fehlte es, sondern an Geldzeichen, einerlei ob aus Gold, Silber oder Papier. Und auch diese waren vorhanden, nur wurden sie infolge der allgemeinen Vertrauenskrisis dem Verkehr vorent=halten. Die Amerikaner suchten also auf dem englischen Metall=markte nicht den Ersatz für fehlendes Gold, sondern Material zur Herstellung neuer Geldzeichen, Material, das überflüssig werden und nach Europa zurückwandern wird, sobald das ver=steckte Geld wieder zum Vorschein kommt. Aus diesen Vorgängen auf eine zu kurze Golddecke zu schließen, ist unstatthaft.

Dagegen sind solche Zeiten allerdings geeignet, den Gedanken an eine zweckmäßigere Verwendung der Golddecke zu beleben. Offenbart sich doch gerade in den Tagen der Geldknappheit die Natur des Goldes, kraft seiner Funktion als internationales Zahlungsmittel Ansprüche an das Ausland zu repräsentieren, mit besonderer Klarheit. Die Konzentration der disponiblen

Goldmassen bei der Reichsbank würde für unser Zentralinstitut einen Machtzuwachs bedeuten, der in unendlich wirksamerer Weise als heutzutage die Reichsbank befähigen würde, zugleich den inländischen Kredit zu pflegen und das in der Krisis nicht ganz unerschüttert gebliebene Ansehen unserer Valuta auf dem Weltmarkt zu verteidigen. Besonders in einer Beziehung darf von einer wesentlichen Verstärkung der Goldmittel ein günstiger Einfluß auf das Kreditwesen erwartet werden. Ich denke dabei weniger an die absolute Höhe des von der Reichsbank mit Wirkung für das ganze Land normierten Zinsfußes, als an die längere Dauer der einmal festgesetzten Diskontsätze.

Begreifen wir unter dem Gesichtspunkt der im Gesamt= interesse notwendigen Geldschöpfung den Anspruch des Produ= zenten und Kaufmannes auf Wechselkredit als ein Recht des einzelnen gegen die Wirtschaftsgemeinschaft, das unendlich be= deutungsvoller ist, als alle auf unzureichende Würdigung dieses Anspruchs gegründeten Deckungsvorschriften, und deshalb absolute Anerkennung verdient; haben wir weiter erkannt, daß die Quelle dieses Wechselkredits nicht aus dem Boden des Kapitals ent= springt, sondern unabhängig von verfügbarem Kapital auf der staatlichen Verpflichtung beruht, die Geldmengen — einerlei ob in barer, notaler oder giraler Form — im Parallelismus mit den angebotenen Warenvorräten zu halten, so will es nicht recht motiviert erscheinen, daß die Reichsbank bei diesem Geschäft einen Zinsgewinn von einer Höhe macht, die eigentlich nur be= rechtigt wäre, wenn es sich um die Hergabe von Kapital handelte. Indessen die Notwendigkeit wenigstens teilweiser Bardeckung macht das Geschäft auf der Seite der Reichsbank einer Kapitals= hergabe ähnlich; ferner rechnet der Kreditnehmer mit dem Diskont= satz und hat ihn bei seiner Preisfestsetzung in seine Kalkulation einbezogen, so daß er sich durch den Zinsabzug nicht benachteiligt fühlt, und endlich würde bei einer bedeutenden Verbilligung des

Wechselbiskonts der Anreiz, sich unrechtmäßigerweise des Wechselkredits zur Verschaffung von Kapital zu bedienen, also Reitwechsel als Warenwechsel auszugeben, gefährlich verstärkt werden. Man tut also gut, an die bestehende Gepflogenheit nicht zu rühren, zumal ja ohnehin schon der Wechselzins von der Reichsbank um ein Prozent niedriger angesetzt zu werden pflegt als der Zinssatz für Lombarddarlehen.

Wenn man daher auch die absolute Höhe des Wechselbiskonts hinnehmen muß, so läßt sich doch die Hoffnung nicht abweisen, daß es einst gelingen möchte, die Beunruhigungen des wirtschaftlichen Lebens, wie sie die vielen Diskontveränderungen mit sich bringen, wenn nicht zu beseitigen, so doch auf ein weit geringeres als das heutige Maß zurückzuführen. Auf nichts aber, solange man an Golddeckung und Bareinlösung festhält, läßt sich diese Hoffnung mit größerer Berechtigung gründen, als auf eine bedeutende Vermehrung der Goldschätze bei der Reichsbank. Hat sich deren Goldbestand durch Ausdehnung des Giroverkehrs und gesteigerte Notenverwendung um etwa anderthalb Milliarden vergrößert, so bewegen sich die Dispositionen der Reichsbank in einem so weiten Spielraum, daß es auf einige hundert Millionen größere oder geringere Anspannung schlechterdings nicht ankommen kann. Die Notwendigkeit, aus Deckungsrücksichten den Kredit zu verteuern, würde zurücktreten; es eröffnete sich die Möglichkeit, eine Periode knappen Geldes in weit milderen Formen zu überwinden, als es heute möglich ist, und die auch in normalen Jahren auftretenden größeren Geldbedürfnisse für den Herbst ohne Erhöhung des Diskonts zu befriedigen. So vermag die Konzentration der deutschen Goldbestände in den Händen der Reichsbank in weitgehendem Maße die Fehler zu korrigieren, die der Goldwährung auf dem Gebiete der Geldschöpfung solange anhaften, als die Emission von Noten von dem Vorhandensein eines gewissen Bestandes an Gold abhängig gemacht ist.

17.

Nichts — das wiederhole ich — könnte törichter sein, als auf Grund theoretischer Erwägungen, und wären sie noch so treffend, unsere Währungsgesetzgebung umzustoßen. Nur ein Radikalismus, der weder für historische Entwicklung noch für die Imponderabilien der populären Anschauungen Verständnis hätte, vermöchte das zu empfehlen. Zu grundstürzenden Änderungen wäre zudem der gegenwärtige Augenblick schon mit Rücksicht auf das hierbei sehr in Betracht kommende Ausland um so übler gewählt, als der ungünstige Kursstand unserer Valuta während der letzten Monate noch in frischem Gedächtnis des In- und Auslandes steht, und unsere wunderliche Reichsfinanzwirtschaft augenblicklich nicht gerade geeignet ist, das Vertrauen der fremden Nationen zu der Weisheit und Solidität deutscher Geldpolitik zu verstärken.

Nur um Verbesserungen der Bankgesetzgebung kann es sich zurzeit handeln, um Verbesserungen, die die Grundlagen unseres Geldsystems, die Goldwährung mit der freien Privatprägung und die Goldeinlösung der Banknoten, intakt lassen und auf dieser Grundlage unser System fortbilden nach dem Muster von Vorbildern, welche uns die Gesetzgebung und Verwaltung anderer Staaten in bereits bewährter Gestalt liefern. In dieser Hinsicht wäre unser Vorschlag zu wiederholen, daß die deutschen Banknoten — selbstverständlich vorbehaltlich der Einlösungspflicht der Reichsbank — als gesetzliches Zahlungsmittel anerkannt werden, so daß sie gleich den Noten der Bank von England im Verkehr nicht zurückgewiesen werden dürfen, ferner, daß in Gold zahlbare Wechsel auf das Ausland bei der Reichsbank als Golddeckung zu zählen seien, endlich, daß die Vorschrift

Reichsbankreform.

der Drittelbeckung mit einem „tunlichst" versehen werde, damit aus einem Manko an Gold, wie es an den Quartalsterminen ganz harmloser Weise eintreten kann, der Reichsbank nicht der Vorwurf der Gesetzesverletzung erwachsen kann.

Die größte Behutsamkeit unter möglichster Schonung des Bestehenden empfiehlt sich auch, wenn an die Verfassung der Reichsbank die bessernde Hand gelegt werden soll. Die Grundpfeiler des Gebäudes sind von untadelhafter, auch in schweren Zeiten standhaltender Festigkeit. Das Problem, eine Zentralbank so einzurichten, daß sie sowohl fiskalischen Übergriffen als privater Profitsucht gleichermaßen entrückt sei, kann gar nicht besser gelöst werden, als wie es hier geschehen ist: in der Errichtung der Bank aus Privatmitteln und ihrer Leitung durch Reichsbeamte. So wenig man also an diese Grundelemente rühren darf, so bleibt doch die Frage, ob im übrigen der Wortlaut des Bankgesetzes noch in allen Punkten den Verhältnissen der Gegenwart gerecht wird, der Prüfung offen.

Es liegt in der Natur aller menschlichen Institutionen, daß sie sich in dauerndem Fluß befinden. Die Gesetze fixieren immer nur den Zustand und die öffentliche Willensmeinung der Zeiten, in denen sie erlassen werden. Die Entwicklung eines mit dem wirtschaftlichen Leben des ganzen Volkes so innig verwachsenen Organs, wie es die Reichsbank ist, läßt sich durch Paragraphen nicht aufhalten. Mit dem Wandel der Zeiten wandeln sich die Bedürfnisse des Verkehrs und damit auch die Aufgaben der Zentralbank. So können aus Rechten Pflichten werden. Eine von volkswirtschaftlicher Einsicht und dem Mut zur Verantwortung getragene Bankleitung folgt aus eigener Initiative den Anforderungen des Tages. Das darf aber nicht darüber hinwegtäuschen, daß dann das Gesetz hinter der Zeit zurückgeblieben ist.

In dieser Hinsicht ist wohl nichts charakteristischer, als daß das „Recht", Noten auszugeben und Wechsel zu diskontieren, von der Reichsbank längst als eine Pflicht empfunden wird, die ihr gegenüber dem Verkehr obliegt, und der sie sich nicht entziehen könnte, ohne die schwersten Erschütterungen hervorzurufen. Das Bankgesetz aber redet noch von dem „Recht" der Reichsbank, nach Maßgabe **ihres** Verkehrs Noten auszugeben.

Man kann überhaupt den Ausspruch wagen, daß die Reichsbank, wie sie uns im praktischen Leben entgegentritt, ein höheres Bild der Vollkommenheit darbietet, als nach dem Zuschnitt ihrer Gesetzgebung eigentlich zu erwarten wäre. Sie steht vor der Öffentlichkeit da im Lichte einer ganz unbestrittenen Gemeinnützigkeit, als ein Unternehmen, auf dessen Entschließungen weder fiskalische noch private Interessen irgend einen das gemeine Wohl benachteiligenden Einfluß auszuüben vermöchten. Nach dem Gesetz dagegen ist sie angesichts der Fülle von Geschäften, zu denen sie befugt, aber nicht verpflichtet ist, weit mehr Erwerbsinstitut. Und zwar ein Erwerbsinstitut, das ein Privileg zur Ausbeutung des Geldverkehrs verliehen bekommen hat und dafür schwere Summen an die Reichskasse abführen muß.

Das Geldwesen zur Quelle staatlicher Einkünfte zu machen, ist bedenklich, aber in der Not bei versagendem Staatskredit oft nicht zu umgehen und deshalb entschuldbar. Das Deutsche Reich aber sollte auf solche Einnahmen verzichten oder sie doch im Rahmen einer normalen Einkommensteuer halten. An die dreißig Millionen hat die Reichskasse für das Jahr 1906 als Anteil am Jahresgewinn und an Notensteuer vereinnahmt, also volle drei Prozent auf eine Milliarde Reichsbankkredit. Wenn es nötig war, den Bankdiskont im Jahre 1906 auf einer so gewinnbringenden Höhe zu halten — und nach der allgemeinen Lage war es unzweifelhaft nötig —, so sollten doch solche Gewinne, die den Kreditnehmern der Reichsbank wahrlich nicht zu Steuerzwecken abgenommen werden, nicht im Reichssäckel verschwinden, sondern der Verbesserung des Geld- und Kreditwesens dienstbar gemacht werden; sei es nun, daß man sie zur Erhöhung des Goldbestandes oder zur Anschaffung von Auslandswechseln verwendet, sei es, daß man ihnen die Mittel zur Ausbreitung des Girowesens nach hamburgischem Muster entnimmt.

Ebenso wie der exorbitante Reichsanteil steht die vergrößerte Dividende, in der die Anteilseigner aus der Verteuerung des Kredits Vorteil ziehen, in unvereinbarem Gegensatz zu der gemeinnützigen Natur der Reichsbank. Gemeinnützige Unternehmungen gestatten nur feste Renten auf die eingebrachten Kapitalien. Die schwankende Dividende bringt die Reichsbank in das falsche Licht eines Erwerbsinstituts, das an der Vergrößerung der allgemeinen Kreditschwierigkeiten interessiert ist.

Es muß daher als erstrebenswertes Ziel betrachtet werden, die Reichsbank aus der Verstrickung in fiskalische und private Interessen, in der sie sich nach dem geltenden Gesetz zurzeit noch befindet, zu lösen, und den gemeinnützigen Geist, der ihre Leitung auszeichnet und in dem sie uns vor Augen steht, auch zur gesetzlichen Wahrheit zu machen. Das Mittel dazu aber ist die Kontingentierung der Gewinne und die Stellung der unverteilten Überschüsse in eine Reserve, aus welcher die Kosten für alle im Geld- und Kreditwesen wünschenswerten Verbesserungen zu bestreiten wären.

Eine gerechte Kontingentierung der Dividende für die Anteilseigner würde keine Schwierigkeiten machen. Vier oder fünf Prozent des Kapitals, das ihnen im Jahre 1910 zu zahlen wäre, wenn das Reich von seinem Verstaatlichungsrecht Gebrauch machte, dürften das Richtige sein. Das Reich, das schon seiner schlechten Finanzen wegen nicht auf allen Gewinn wird Verzicht leisten wollen, würde nach einer Durchschnittsrechnung befriedigt werden müssen, bei welcher es hoffentlich gelänge, die wucherischen Jahre auszuschalten. Die Notensteuer, prinzipiell an sich schon unhaltbar, als eine Steuer auf die Geldschöpfungspflicht der Reichsbank, müßte bei der Gelegenheit ganz verschwinden.

* * *

Wir haben auf den vorstehenden Blättern Kritik geübt an den Vorstellungen vom Gelde, die uns überkommen sind, an der Auffassung, daß das Geld ein wertvolles Tauschgut und daß das Edelmetall, aus dem das valutarische Geld hergestellt wird, ein Wertmesser sei für die Güter des Verkehrs. Wir haben über die von Knapp begründete „Staatliche Theorie" hinausgehend den Versuch unternommen, die wirtschaftliche Natur des Geldes zu bestimmen und daraus die Grundsätze abzuleiten, nach denen eine Geldschöpfung zu regeln wäre, für welche die absolute Wertbeständigkeit des Geldes der leitende Gesichtspunkt ist. Wir haben dabei auch vor der Kritik der Goldwährung nicht Halt gemacht. Aber dessenungeachtet haben wir uns zu der Überzeugung bekannt, daß das Festhalten an der Goldwährung eine politische Notwendigkeit ist und noch lange bleiben wird.

Die Gefahren, die der Goldwährung drohen, kommen von der entgegengesetzten Seite. Bimetallisten und Inflationisten, die in der massenhaften, von jeder Güterproduktion unabhängigen Herstellung von Geldzeichen aller Übel Heil erblicken, sind die Feinde, gegen die die Anhänger einer gesunden Ordnung des Geldwesens Schulter an Schulter kämpfen müssen.

Wenn unsere Zeit nach Reformen ruft — und das tut sie allerdings —, so sind sie nur ausführbar auf dem Boden der Goldwährung, wie wir dies im letzten Abschnitt unserer

Rückblick.

Untersuchung gezeigt haben. Um aber den Weg der Reformen zu finden, der nicht seitab führt auf die schiefe Bahn der Prinzipienlosigkeit, ist mehr erforderlich als ein orthodoxer Goldwährungsglaube, der es sich grundsätzlich versagt, einzubringen in das von der äußeren Erscheinungsform losgelöste Wesen des Geldes.

Printed by Libri Plureos GmbH
in Hamburg, Germany